突 破 认 知 的 边 界

民国大师家风学养课

生活是最好的教育

陶行知 著

光明日报出版社

图书在版编目（CIP）数据

生活是最好的教育 / 陶行知著. -- 北京：光明日报出版社，2024.4
（民国大师家风学养课 / 廖淼焱主编）
ISBN 978-7-5194-7840-7

Ⅰ．①生… Ⅱ．①陶… Ⅲ．①教育—中国—文集 Ⅳ．① G52-53

中国国家版本馆 CIP 数据核字 (2024) 第 056126 号

生活是最好的教育
SHENGHUO SHI ZUI HAO DE JIAOYU

著　　者：陶行知	
责任编辑：孙　展	责任校对：徐　蔚
特约编辑：胡　峰　何江铭	责任印制：曹　诤
封面设计：于沧海	

出版发行：光明日报出版社
地　　址：北京市西城区永安路 106 号，100050
电　　话：010-63169890（咨询），010-63131930（邮购）
传　　真：010-63131930
网　　址：http://book.gmw.cn
E – mail：gmrbcbs@gmw.cn
法律顾问：北京市兰台律师事务所龚柳方律师
印　　刷：天津鑫旭阳印刷有限公司
装　　订：天津鑫旭阳印刷有限公司
本书如有破损、缺页、装订错误，请与本社联系调换，电话：010-63131930
开　　本：146mm×210mm　　　　　　　印　张：6.75
字　　数：172 千字
版　　次：2024 年 4 月第 1 版
印　　次：2024 年 4 月第 1 次印刷
书　　号：ISBN 978-7-5194-7840-7
定　　价：49.80 元

版权所有　翻印必究

陶行知（1891—1946）原名文濬，后改知行，又改行知。安徽省歙县人。1914年毕业于金陵大学。后留学美国哥伦比亚大学。1927年创办试验乡村师范学校（即晓庄学校）。提出"生活即教育""社会即学校""教学做合一"等主张，形成"生活教育"思想体系。先后创办育才学校和社会大学。著作编为《陶行知全集》（十二卷）。

捧着一颗心来　不带半根草去

目录

第一章 行是知之始,知是行之成

医德	003
学做一个人	009
在劳力上劳心	012
行是知之始,知是行之成	016
是非	020
思想的母亲	023
佛兰克林	025
手脑相长	035
正确地看待书本	045
四个先生	051
火是从哪里来的	055
通不通	058

行是知之始,
知是行之成。

第二章 生活即教育

第一流的教育家	069
为考试事敬告全国学子	072
教育也需要推陈出新	079
教育者之机会与责任	084
创造一个四通八达的社会	095
学生的精神	098
学问之要素	103
有好生活才有好教育	105
每天都要反省自己	117
民主教育	131
社会大学运动	135
领导者再教育	141

> 靠人，靠天，靠祖先，都不算好汉。

第三章 平等与自由

平等与自由　　　　　　149
政治家与政客　　　　　154
文化解放　　　　　　　156
聊聊民众运动　　　　　166
值得我们学习的一件事　170

> 你的足站在什么地方,
> 我的足亦站在什么地方。

第四章 过一点甜蜜的生活

预备钢头碰铁钉	175
寿六旬慈母	179
谈结婚	183
梦中的情景是人生的天国	189
做学问必须的过程	192
朋友成夫妻,夫妻亦朋友	196
我敬爱的夫人	199
过一点甜蜜的生活	202

儿童相见不相识,笑问客从何处来。

行是知之始,
知是行之成。

第一章

行是知之始,
知是行之成

医德

人无智愚贵贱，谁能越出道德范围，而不伤人害己者乎？惟其事弥大，其责弥重，斯其德亦弥要。人生至贵，惟兹寿命。岐黄操生杀之权，同于官吏，则医之德，视他人为尤要矣。故在周官有医师，掌医之政令，岁终稽其医事。泰西业刀圭者，必经过考试，乃得悬壶。盖医以救人为旨，不设专官，则场成逐利。医以精术为贵，不严甄别，则拙或滥竽。贪医不救人，庸医欲救人而不能，则医何益于人？人亦何资乎医？非然者，专官设，则贪医有所忌惮；甄别严，则庸医不能幸进。祸源既塞，流弊自消。故审其结果，察其艺能，即所以振其医德，使无旷生死骨肉之天职也，其政善矣！然自巫、医并称，医道既见贱于世，医德亦视同弁髦，而无人过问。业是术者，或纯盗虚声,或无稽臆说。探宝止于一藏,尝鼎足于一脔。粗谙药谱,浅步方书,即辄尔出而问世。平时既俭腹,则临事势不得不敷衍。是故,切脉要事也,而备为索案;问症重务也,而专在口给。流弊不还,是以进不能救人,退不能救己,误尽苍生,害尽医德。犹复分门别户,簧鼓是肆。为师则以讹传讹,纵有一二宝贵心得,亦持"绣得鸳鸯从君看,不把金针度与人"之主义。至若阴险之流,则富者唆其利,贫者忽其苦。他人恫瘝,视同秦越,而利禄熏心,未克须臾离。故有利则立邀回春,无利则药毒于病。王良诡遇,赵阉指鹿,医界中岂鲜其人哉?而世间阴谋奸计,多假手于医生。医德不彰,盖贪之一念阶之厉也。间有一二慎术仁施之辈,然杯水车薪,欲其挽回颓风,势有不能者矣。世人见其然也,不曰"学医人费",则斥为"小道不足以昌大门闾"。故子弟不至愚庸,不可造就,父母不令学医道也;士流不至贫极,无可聊生,不寄身医界也。谚云:"秀士学医,如菜作齑。"又曰:"儒家作医家,医家医家贫。"呜呼!医道为贪庸之逋逃薮也久矣,特生死骨肉之术,岂愚庸所得而厕身乎?魏敬中曰:"医道精微，非浅人所可意窥，非躁心所可尝试。又自度聪明才力，皆有所不给。"诚重之也，诚难之也。夫天下事业多，子孙愚，劳力之役皆可服也，何必劳心而日拙。况著述之家，书不尽言，言不尽意。子舆氏云："大匠诲人，能与人规矩，不能使人巧。"见几察隐，阐奥探源，全恃学者自悟，此可望诸愚庸乎？且古今医书浩瀚，真伪杂参，议论不一，疾病亦不一。以不一之议论，治不一之疾病，而不能运神骋智，折衷善择其间，则诚有如堪舆家所言，错认半字罗经，便入蛇神牛鬼之域。此言虽近巫，可以喻真。盖绳墨贵乎变通，成法不可拘滞。治病当活泼泼地如珠之走盘，苟刻其舟而胶于柱，则官礼且或误苍生，矧技术之书哉？赵括不可恃以治兵，庸愚安可赖以治疾？迄乎医不对症，妄投汤药，则一医瘦人肤，再医腐人脏，三医戕人命。罪孽莫大于伤生，伤生莫众于庸医矣。故以他业言，则有德欠智，尚称忠厚。以医言，则智以德贵，德更由智立。盖脑力不灵，则病源不达，药性不悉，医理不明。婴病者不死于病，而死于药；不死于药，而死于医。是知技精，非医德之大全；然必精于技，而后可以言医德。不然，妄医伤人，罪戾已大，尚何德之可言？故子弟愚庸，父兄令其学医，是陷其子弟于不仁不义矣。自视愚庸，而犹昧然厕身医界，是自陷于不仁不义矣。至人生斯世，何莫不衣食？然用衣食以处生，非为衣食以害生也。士非为贫，而有时乎为贫。为贫则农工商贾、抱关击柝、委吏乘田，何莫非衣食之途？奚必滥竽医界，衣人皮而食人肉哉？盖既庸且贪，其结果必归暴戾残忍。欲求方药不变作杀人之介，岐黄不演成荼毒之媒，不可得之数也。彼其疾病罹身，命悬旦夕，势不得不赍百年之重器，持至贵之寿命，付诸孤注之一掷。而其所仰望再造之医生，操术不能精，怀抱不能正，错认病源，误下刀圭而不恤。至轻病变重，重病致死，则家人狃于运气之数，委之天之亡我，非医之罪。医更何惮，借以自解曰："吾固医病不医命。"故曰：医愈众，药愈多，夭折死亡亦愈繁，殆非虚语也。嗟呼！哀我蒸民，何生不辰，既罹恶疾，复逢虐医。有医如此，何若无医之为愈也。故郝耳母氏（O. W. Holems）①演说于哈弗德医科大学曰："苟举医药而尽投之

---

① 霍姆斯。

海底，则人食其利，鱼受其害。"痛哉言乎！救世物理论曰："医者非仁爱不可托，非聪明理达矣不可任，非廉洁淳良不可信。"程氏国彭曰："医者之道，其操术不可不工，其处心不可不慈，其读书明理，不至于豁然大悟不可止。"故医之大德三：一曰操术精；二曰宅心仁；三曰持行廉。惟艺精乃可与言仁，惟心仁乃与言廉，亦惟艺精、心仁、行廉乃可与言医。然吾犹有进者，吾国素灵，虽云虚理，亦有奥旨之存。银丸纵称幻术，奚无绝技之藏？泰西医学，自科学萌芽进化以来，已脱虚理幻术之习。而彼邦人士之业此道者，又皆兢兢业业，日有发明。其著作宏富，诚为活命仙法，济人宝筏。互市以来，译者亦未尝不众。然通于医者未必通于文，工于西者未必工于中。象胥既昧信达雅之旨，而对于中医数千年来之经验，复鲜能贯通而融会之。中医固远逊于欧美，然亦有其不朽。学者旁搜密采，取要删繁，含中西医药于一炉而治之，以造诣于精微之域，亦未始非活人活国之大德业也。故艺精操廉，仰体天帝好生之德，实行民胞物与之念，复能译书著说，启迪后觉。俾医道日宏，医术日精，闾阎昌炽，比户安和，渐杜夭折之伤，早登仁寿之域，则良医之功，与良相等。范文正公曰:"不为良相,则为良医。"医之尊荣若此,则置身斯道者,宜如何奋发其德以副名实乎?苟其驽骀滥竽,素餐尸位,则在官为民蟊,在医为民蠹矣!为蠹医欤?为良医欤?择善而从,是所望于刀圭家。

原载1914年3月
《金陵光》第6卷第1期

学做一个人

我要讲的题目是：《学做一个人》。要做一个整个的人，别做一个不完全、命分式的人。中国虽然有四万万人，试问有几个是整个的人？诸君，试想一想："我自己是不是一个整个的人？"

《抱朴子》上有几句话："全生为上；亏生次之；死又次之；不生为下。"

但是何种人算不是整个的人呢？依我看来，约有五种：

（一）残废的——他的身体有了缺欠，他当然不能算是整个的人。

（二）依靠他人的——他的生活不是独立的；他的生活只能算是他人生活的一部分。

（三）为他人当作工具用的——这种人的性命，为他人所支配，没有自己独立的人格。

（四）被他人买卖的——被贩卖人口所贩卖的人，就是猪仔，或是受金钱的贿赂，卖身的议员，就是代表者。

（五）一身兼管数事的——人的一分精神，只能专做一件事业，一个人兼了十几个差使，精神难以兼顾，他的事业即难以成功。结果是只拿钱不做事。

我希望诸君至少要做一个人；至多也只做一个人，一个整个的人。做一个整个的人，有三种要素：

（一）要有健康的身体——身体好，我们可以在物质的环境里站个稳固。诸君，要做一个八十岁的青年，可以担负很重的责任，别做一个十八岁的老翁。

（二）要有独立的思想——要能虚心，要思想透彻，有判断是非的能力。

（三）要有独立的职业——要有独立的职业，为的是要生利。生利的人，自然可以得到社会的报酬。

我觉得中学生有一个大问题，即是"择业问题"。我以为择业时要根据个人的才干和兴趣。做事要有快乐，所以我们要根据个人的兴趣来择业。但是我们若要做事成功，我们必要有那样的才干。

我曾作了一首白话诗，说人要有独立的职业：

滴自己的汗，吃自己的饭。

自己的事，自己干。

靠人，靠天，靠祖先，都不算好汉。

现在我们专讲"学"和"做"二个字，要一面学，一面做。"学"和"做"要连起来。英语 Learn by doing，也就是这个意思。我们要应用学理来指导生活，同时再以生活来印证学理。

将来诸君有的升学，有的就职业，但是为学的方法全要研究。学农的人要有科学的脑筋和农夫的手；学工的人，也要有科学的脑筋和工人的手。这样他才可以学得好。

我希望到会的个人，是四万万人中的一个人。诸君还要时常想：

中国有几个整个的人？

我是不是一个整个的人？

> 1925年11月27日在南开学校的演讲词
> 原载1926年2月28日
> 《生活周刊》第1卷第19期

在劳力上劳心

昨天我讲"教学做合一"的时候,曾经提及"做"是学之中心,可见做之重要。那么我们必须明白"做"是什么,才能明白教学做合一。盲行盲动是做吗?不是。胡思乱想是做吗?不是。只有手到心到才是真正的做。世界上有四种人:一种是劳心的人;一种是劳力的人;一种是劳心兼劳力的人;一种是在劳力上劳心的人。二元论的哲学把劳力的和劳心的人分成两个阶级:劳心的专门在心上做功夫,劳力的专门在苦力上讨生活。劳力的人只管闷起头来干,劳心的人只管闭起眼睛来想。劳力的人便成了无所用心,受人制裁;劳心的人便成了高等游民,愚弄无知,以致弄成"劳心者治人,劳力者治于人"的现象。不但如此,劳力而不劳心,则一切动作都是囿于故常,不能开创新的途径；劳心而不劳力，则一切思想难免玄之又玄，不能印证于经验。劳力与劳心分家，则一切进步发明都是不可能了。所以单单劳力，单单劳心，都不能算是真正之做。真正之做须是在劳力上劳心。在劳力上劳心是真的一元论。在这里我们应当连带讨论那似是而非的伪一元论。一次我和一位朋友讨论本校主张在劳力上劳心，我的朋友说："你们是劳力与劳心并重吗？"我说："我们是主张在劳力上劳心，不是主张劳力与劳心并重。"劳心与劳力并重虽似一元论，实在是以一人之身而分为两段：一段是劳心生活，一段是劳力生活，这种人的心与力都是劳而没有意识的。这种人的劳心或劳力都不能算是真正之做。真正之做只是在劳力上劳心，用心以制力。这样做的人要用心思去指挥力量，使能轻重得宜，以明对象变化的道理。这种人能以人力胜天工。世界上一切发明都是从他那里来的。他能改造世界，叫世界变色。我们中国所讲的科学原理，古时有"致知在格物"一语，朱子用"在即物而穷其理"来解释，似乎是没有毛病的了。但是王阳明跟着朱子的话进行便走入歧途。他叫钱友同格竹，格了三天，病了。他老先生便告奋勇，亲自出马去格竹——即竹而穷竹理，格了七天，格不出什么道理来，也就病了。他不怪他自己格得不对，反而说天下之物本无可格，所能格的，只有自己的身心。他于是从格物跳到格心，中国的科学兴趣的嫩芽便因此枯萎了。假使他老先生起初不是迷信朱子的呆板的即物穷理，而是运用心思指挥力量以求物之变化，那便不致于堕入迷途。在劳力上劳心，是一切发明之母。事事在劳力上劳心，便可得事物之真理。人人在劳力上劳心，便可无废人，便可无阶级。征服天然势力，创造大同

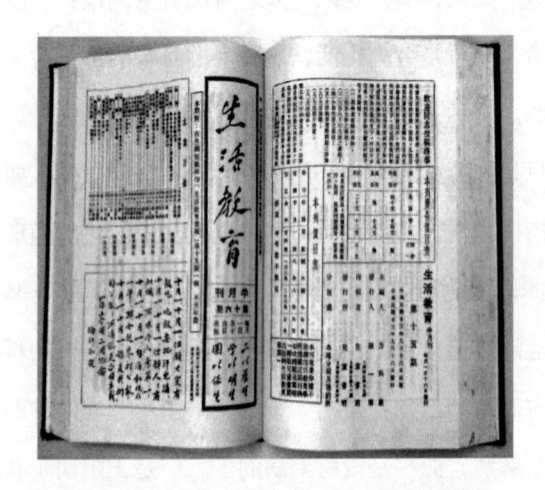

《生活教育》书影。1934年2月16日，《生活教育》半月刊在上海创刊。由陶行知主编，旨在推行"生活即教育、社会即学校、教学做合一"的"生活教育理论"。

社会，是立在同一的哲学基础上的。这个哲学的基础便是"在劳力上劳心"。我们必须把人间的劳心者、劳力者、劳心兼劳力者一齐化为在劳力上劳心的人，然后万物之真理都可一一探获，人间之阶级都可一一化除，而我们理想之极乐世界乃有实现之可能。这个担子是要教师挑的。惟独贯彻在劳力上劳心的教育，才能造就在劳力上劳心的人类；也惟独在劳力上劳心的人类，才能征服自然势力，创造大同社会。最后，我想打一个预防针，以免误解。一次有一位朋友告诉我说："你们在劳心上劳力的主张，我极端的赞成。"我说："如果是在劳心上劳力，我便极端不赞成了。我们的主张是'在劳力上劳心'，不是'在劳心上劳力'。"

> 1927年11月3日在晓庄学校的演讲词
> 原载1928年1月31日
> 《乡教丛讯》第2卷第2期

行是知之始,知是行之成

阳明先生说:"知是行之始,行是知之成。"我以为不对。应该是"行是知之始,知是行之成"。我们先从小孩子说起。他起初必定是烫了手才知道火是热的,冰了手才知道雪是冷的,吃过糖才知道糖是甜的,碰过石头才知道石头是硬的。太阳地里晒过几回,厨房里烧饭时去过几回,夏天的生活尝过几回,才知道抽象的热;雪菩萨做过几次,霜风吹过几次,冰淇淋吃过几杯,才知道抽象的冷;白糖、红糖、芝麻糖、甘蔗、甘草吃过几回,才知道抽象的甜;碰着铁,碰着铜,碰着木头,经过好几回,才知道抽象的硬。才烫了手又冰了脸,那么,冷与热更能知道明白了;尝过甘草接着吃了黄连,那么,甜与苦更能知道明白了;碰着石头之后就去拍棉花球,那么,硬与软更能知道明白了。凡此种种,我们都看得清楚"行是知之始,知是行之成"。佛兰克林①放了风筝,才知道电气可以由一根线从天空引到地下。瓦特烧水,看见蒸汽推动壶盖,便知道蒸汽也能推动机器。加利里②翁在毕撒斜塔③上将轻重不同的球落下,便知道不同轻重之球是同时落地的。在这些科学发明上,我们又可以看得出"行是知之始,知是行之成"。

《墨辩》提出三种知识:一是亲知,二是闻知,三是说知。亲知是亲身得来的,就是从"行"中得来的。闻知是从旁人那儿得来的,或由师友口传,或由书本传达,都可以归为这一类。说知是推想出来的知识。现在一般学校里所注重的知识,只是闻知,几乎以闻知概括一切知识,亲知是几乎完全被挥于门外。说知也被忽略,最多也不过是些从闻知里推想出来的罢了。我们拿"行是知之始"来说明知识之来源,并不是否认闻知和说知,乃是承认亲知为一切知识之根本。闻知与说知必须安根于亲知里面方能发生效力。

---

① 富兰克林。
② 伽利略。
③ 比萨斜塔。

生活是最好的教育

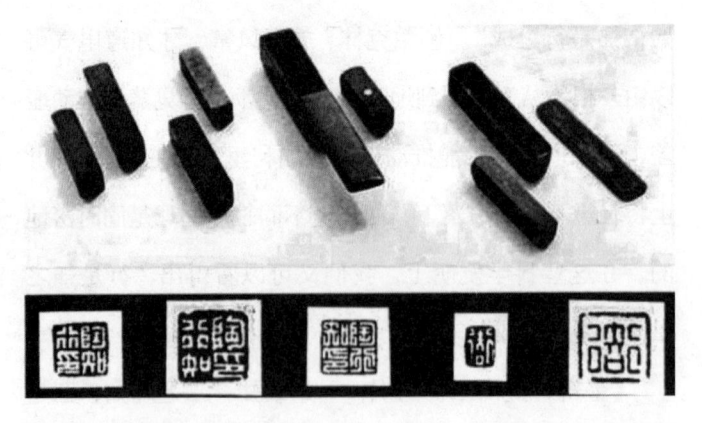

陶行知用过的图章。陶行知原名陶文濬,大学期间,他推崇明代哲学家王阳明的"知行合一"学说,故自己取名"知行"。1934年7月16日,他在《生活教育》上发表《行知行》一文,认为"行是知之始,知是行之成",公开宣布将名字由"知行"改为"行知"。从其名字的变化,折射出的更是陶行知教育思想的变化。他易名的过程体现了他不断追求真理、实践真理的过程。

试取演讲"三八主义"[①]来做个例子。我们对一群毫无机器工厂劳动经验的青年演讲八小时工作的道理,无异耳边风。没有亲知做基础,闻知实在接不上去。假使内中有一位青年曾在上海纱厂做过几整天工作或一整天工作,他对于这八小时工作的运动的意义,便有亲切的了解。有人说:"为了要明白八小时工作就是这样费力地去求经验,

---

① 指"三八制",即"工作8小时,学习8小时,休息8小时"。

未免小题大做,太不经济。"我以为天下最经济的事,无过于这种亲知之取得。近代的政治经济问题便是集中在这种生活上。从过这种生活上得来的亲知,无异于取得近代政治经济问题的钥匙。

亲知为了解闻知之必要条件,已如上述,现再举一例,证明说知也是安根在亲知里面的。

白鼻福尔摩斯一书里面有一个奇怪的案子:一位放高利贷的老头子被人打死后,他的房里白墙上有一个血手印,大得奇怪,从手腕到中指尖有二尺八寸长。白鼻福尔摩斯一看这个奇怪手印,便断定凶手是没有手掌的,并且与手套铺是有关系的。他依据这个推想,果然找出住在一个手套铺楼上的科尔斯人就是这案的凶手,所用的凶器便是挂在门口做招牌的大铁手。他的推想力不能算小,但是假使他没有铁手招牌的亲知,又如何推想得出来呢?

这可见闻知、说知都是安根在亲知里面,便可见"行是知之始,知是行之成"。

1927年6月3日在晓庄学校的演讲词
原载1929年7月30日
《乡教丛迅》第3卷第12期

是非

孟子说："是非之心，人皆有之。"生理心理学家把人的头脑解剖实验了几千百次，至今没有找着这样一个专管是非的"心"。

是非只是判断行为的一种符号。这种判断的能力是在判断上得来的。它是在实际生活里学得的本领，不是与生俱来的良知良能。

在实际生活中，人们对于某一种行为加以某一种符号，丝毫不容假借，久而久之，习惯成自然，是的便会说是，非的便会说非，没有什么参差。如果在实际生活中，有人混乱黑白，指鹿为马，是的有时说作非，非的有时说作是，这样一来，是非便不能分明了。

为什么要颠倒是非？大凡自己讨便宜的时候，不愿是非分明；只要自己吃了一点亏，便大声疾呼的要人家辨别是非。"是非"是上算者的敌人，"明是非"是吃亏者的呼冤。人不能老是上算，也不能老是吃亏，故有时要是非，有时不要是非。

靖节公有诗说："荣衰无定在，彼此更共之。""是"岂能专属于我？"非"岂能常属于人？

是非如贞操，既已挥之而去，何能招之即来？

当前的势力是占便宜的势力。拜倒在当前势力膝下的人的字典里，没有"是非"，如果有，便是另有注解。

只许自己是，硬派别人非，是当前势力之惯技。有时连呼冤也不许。在这种情形之下，受冤屈的人只有打出是非来。是非要靠武力打出来，那是多么不经济的一回事呀！

是非之判断大都含有时代性、地域性、阶级性。一时代有一时代之"是非"，一地域有一地域之"是非"，一阶级有一阶级之"是非"。

量布用尺，量米用斗，量是非的尺与斗是什么？我以中国大众的一份子提出是非标准如下：

（一）公者是；不公者非。增进大众福利者是；损害大众福利者非。大众福利与小集团福利冲突时，拥护大众福利者是；拥护小集团福利者非。

（二）真者是；不真者非。

（三）推动时代前进者是；阻碍时代前进者非。

原载1932年1月21日—22日
《申报·自由谈》

思想的母亲

行动是思想的母亲，科学是从把戏中玩出来的。

杜威先生分析反省的思想之过程，列举了如下的步骤：（一）困难之感觉；（二）审定困难之所在；（三）设法解决；（四）在许多方法中选一最有效的试试看；（五）屡试屡验之后再下断语。这反省的思想之过程，便是科学思想之过程。

我拿杜威先生的道理体验了十几年，觉得他所叙述的过程好比是一个单极的电路，通不出电流。他没有提及那思想的母亲。这位母亲便是行动。路走不通才觉有困难。走不通而不觉得困难，这是庸人。连脚都没有动而心里却虚造出万千困难，这是妄人。走不通而发现困难，便想出种种法子来解决困难，不到解决不止，这是科学家。所以我要提出的修正，是在困难之前加一行动之步骤，于是整个科学的生活之过程便成了：行动生困难；困难生疑问；疑问生假设；假设生试验；试验生断语；断语又生了行动，如此演进于无穷。懒得动手去做，那里会有正确的思想产生，又何能算是科学生活？

原载1931年11月11日
《申报·自由谈》

佛兰克林

——小徒弟列传之一

佛兰克林（Benjamin Franklin）生于公元一七〇六年，死于一七九〇年，活了八十四岁。他死了之后，墓碑上刻有几行字：

"他从皇帝的手里夺来了政权，从天上夺来了电气。"

这一篇很短的墓志铭，不啻为佛兰克林一生功业学问之小影。他是一位政治家、文学家、科学家。你如果读一读他的自传，便要惊讶的发现这位伟人只是从一个小徒弟出身的。他参加美洲独立运动的功绩，谁都知道，不必我来多话。我只要叙述他做徒弟时代之小史和他在科学上之贡献。

他八岁进拉丁文小学，九岁改入算写学校，十岁便因家计困难，辍了学，跟着父亲学做蜡烛和肥皂。他不喜欢做这个手艺，却善游泳，会划船，常想航海去。父亲知道他的倾向，很是担忧，便时常带他在街上参观木匠、砖匠、铜匠、辘轳匠及其他匠人的工作，以便选择一行，作为终身职业。这是个个父母或教师应该尽的责任。可是走马看花的参观也没有多大用处。我们必须引导小孩们仔细的看，看了能做出来，才有效验。佛兰克林在自传里说这种亲切详细的参观对于他很有影响。后来，家里东西破了，用不着匠人，他自己会修理。科学实验要仪器用，自己也可以做。这些本领都是从参观手艺中得来的。

他虽是在蜡烛店里做徒弟，但是好看书。两年后，他父亲便因此叫他去学印刷业。一七一七年他的哥哥詹姆士从英国带了印刷机和字模到波士顿来设立印刷所，他便秉承父命和詹姆士立约做九年徒弟。这时他才是十二岁，要到二十一岁满约。他自从在印刷所里做了徒弟，便认识了好些书铺里的徒弟，于是全城的书铺便成了他的流通图书馆。他每逢借了书来，连夜就要看完，因为照规矩次日早上是必须还人家的。这样他虽是做徒弟，同时也算是做学生，因为他自己看的书比平常学校所看的还要多好几倍咧。

佛兰克林做徒弟的时候看书写文差不多都是自己教自己。一天他得了一册《旁观》周刊（Spectator）之合订本，高兴极了。每读一篇，把要点录下，过几天，自写一文，与原文比一比，取人之长，补己之短。这种功课是在每天开工前、完工后及星期偷闲干的。因为学的法子好，所以进步很快。

他十六岁的时候，偶然遇了特里翁（Tryon）写的一本劝人吃素的书。他读了这本书，受了深刻的影响，便立志不吃荤。一个十六岁的孩子不吃荤，真是一桩新闻。谁知这件事是与他的学业有不少的帮助。他的老板哥哥和同事们在一家邻居寄饭，他一个人在店里吃素。他的食谱是饼干、面包、葡萄干、酸苹果和一杯清水。饭钱省下一半可以多买书看。一餐饭，只要几分钟便吃完，又多加了一些时间去用功。他自己说，吃得少，头脑格外清爽。

现在他得到赛诺芬（Xenophon）[①]写的《苏格拉底言行录》(Memorable Things of Socrates)，倾倒于苏格拉底

---

① 色诺芬。

的对话法。他开始用谦虚的问话，怀疑的态度，把人家逼得无话可说，有时连素负盛望的名人都被他问倒。他在青年的伙伴中居然成了一位苏格拉底，波士顿便是他的雅典。

一七二一年他的哥哥开办《新英吉利报》。这时佛兰克林已经会做文章，但怕哥哥轻视他年幼，不给登载，便用假名投稿，每次都被披露，听人称赞几句，非常欢喜。后来，他哥哥因登载政论，得罪议会当局，被捕一月，靠佛兰克林之支持，得未停顿。詹姆士被开释仍不准办报，便以弟弟之名顶替，佛兰克林于是以一个十七岁徒弟还未做满的孩子，居然做起报馆的总经理和主笔来了。

詹姆士虽是亲哥哥，而虐待佛兰克林如一般师傅之虐待徒弟，有时竟行凶毒打。兄弟二人因此决裂，佛兰克林丢了报馆，卖书凑盘费向纽约去谋生。船过布洛克岛（Block Island）大家开始捉鳖鱼烧来吃，吃得津津有味。有人请他吃鱼，他因吃素，犹豫不决。忽然看见一个大鳖鱼的肚子破开，里面有几个小鱼是它生前吃进去的，他便说："你既可以惨吃同胞，我也看不出有什么理由不可以吃你。"

佛兰克林离开波士顿做了几年生意之后便自己开了一个书店。他这店里卖书是没有二价的。我听得有这样一段故事：

一天一位客人来买书，问："这本书卖几多钱？"

柜台上的徒弟说："两块钱！"

客人说："太贵了！一元八角吧。"

徒弟说："现在涨价了，要卖两块二角咧。"

客人说："你才说过两块钱，怎么又要两块二角呢？"

徒弟说："现在要两块四角了。"

客人以为徒弟故意敲竹杠，便与徒弟闹。佛兰克林老板从里面走出来，客人便向他质问，为什么一忽儿就加了四角钱？

佛兰克林笑嘻嘻的拿了那本书对他说：

"时间值钱呀！敝店做买卖是不还价的，先生要买这本书给两块钱好了。"

我没有叙述佛兰克林从天上夺取电气之前，先要叙述佛兰克林时代一般人对于电之见解。

天空中之闪电打雷，自有人类以来，谁都看见过，听见过。古人遇了这种恐怖的现象，便以为是下界犯罪，所以上帝震怒，差遣雷公电母来收伏妖怪、猛兽、恶人。他们以为雷电是天神，被天神打死的都是罪大恶极，犯了天条。中国现在一般愚人，还是这样的迷信着。佛兰克林时代的欧美人民对于天然电气也抱有大同小异的见解，往往闹出离奇的笑话。

人造电气的历史也很古，但在佛兰克林以前只是一些零碎而不可以解释的小把戏。摩擦猫皮生火花，摩擦玛瑙吸灯草，这种把戏人类至少是耍了二千多年。葛雷（Stephen Gray）在二百年前开始在伦敦用丝线包绕的几十丈长的粗绳，将摩擦的电从这一头通到那一头。这葛雷是一位穷老翁，靠玩电的把戏赚小孩们的钱，养活自己。他黑白分明的写在纸上说，这种火花响声之性质很像雷电。

法国的都费（C.F.Dulav）①复演葛雷的把戏，能将摩擦的电通过一二五六呎长之线。他是第一个人发现电之两性，称为玻璃电（Vitreous Electricity，即后来所谓之阳电）和松香电（Resinous Electricity，即后来所谓之阴电）。他首先发现若使两种性质的电气接近，结果是同性

---

① 迪费。

相拒，异性相吸。

一七三六年一位苏格兰修道士名叫戈登（Gordon）的，在德国发明了一个电铃：两边各安一铃，中间悬一丝线挂的金属球，球感了电，即依同性相拒异性相吸的理，将铃继续的打起来。他还发现电感的水能把火酒烧起来。

在这些零星的发明中，忽然跑出一个奇妙的来顿瓶（Leydon jar）[①]。一七四五年克来斯特（Ewald Georg von Kleist）[②]，一七四六年范麦圣布洛克（Pieter Van Musschenbroek）[③]，各自用玻璃瓶将摩擦的电储蓄起来。因为范麦圣布洛克是住在荷兰国来顿城，所以这瓶就叫做来顿瓶。其实依创制之先后，这荣誉是给错了地方。他们先是用水在玻璃瓶里蓄电，后来瓦曾（Watson）[④]将瓶改良，用锡箔在瓶内瓶外对着贴起来代替水，格外有效。法国诺列（Abbe Nollet）[⑤]叫皇帝的侍卫兵士们手拉手地的站在

---

① 莱顿瓶。
② 克莱斯特。
③ 穆申布鲁克。
④ 沃森。
⑤ 诺莱。

那儿，组成电路，只要来顿瓶所储蓄的大量电一接，这些兵便同时一齐打倒。

这些是佛兰克林未上电气舞台前，人类所已经得到的关于人造电的知识。这时天空之电与人造之电是否相同，尚无证明：天空之电是当做神秘瞎猜，人造之电是摩擦着玩耍。

佛兰克林四十岁才开始电之研究。1746年司宾斯从苏格兰来到波斯顿玩了一些电的把戏给他看，他觉得很有趣味。可惜司宾斯不是内行，玩得不大好。他回到费城之后不久，伦敦皇家学会会员科林孙送给他的图书馆公司一根玻璃管。他便拿了这根玻璃管复演司宾斯没有玩好的电的实验。过不多时，他便成了这些实验的老手。许多朋友拜他做师傅。他便设了一个玻璃管制造室，吹了一些玻璃管分送给朋友们，因此会玩这些电的把戏的人便一天多一天。内中有一位名叫金耐尔司勒（Cinnersley），赋闲在家，佛兰克林劝他到各处表演电的实验，收听讲费过活。演词是佛兰克林代写。每次演讲，听众都很踊跃。演词中有一篇题为《闪电与电气是同一的东西》(The Sameness of Lightning and Electricity)，寄给伦敦朋友，皇家学会会员们笑笑，把它放在一边。但科林孙竟将它付印，连出五版，不久便译成法文、意文、德文、拉丁文，风行一时，竟成为当时电学唯一之杰作。法国科学家泰斗诺列（Nollet）反对佛兰克林之新学说，但达利巴（Dalibard）与德罗（Delor）则于一七五一年根据佛兰克林著作中所建议之实验在马里（Marly）地方将闪电引到地下来证明佛兰克林学说之正确。巴黎人士蜂拥来到马里参观这破天荒的实验。从此，佛兰克林便一跃而为当时电学之权威。

佛兰克林自己和他的幼子，则在次年，即一七五二年六月，在费城（Philadelphia）放那千古不朽之风筝。这风筝是值得叙述的。一般人只知道佛兰克林放风筝是人类第一次从天空取电下地，其实这是第二次。那上天取电的急先锋是达利巴与德罗，佛兰克林却是他们的参谋长。放风筝是佛兰克林亲自向天空作战。佛兰克林的风筝本身是用木架与丝绸做的。木架上插一尖锐的金属丝，双股绳之下端系一铜锁匙和一根丝带。风筝放入云中，手持丝带站在门槛中，以防丝带为雨所湿。不久，只见双股绳之松纱怒竖如野猪刺，手指可与相吸，指骨碰着锁匙即发火花。他又将闪电引下蓄在来顿瓶中,证明它的动作与摩擦电无异。照近代电学理论看来,佛兰克林手持丝带离铜锁匙太近,是要被电打死的。做这实验,人要离得很远才行。十四个月之后,俄国圣彼得堡有位物理学家用一铁棍取天空之电,走近测电计一看便被一球蓝火打死。佛兰克林之所以没有死,怕是因为他放风筝的那一天,只有少量的闪电,真是侥幸!否则佛兰克林必以生命殉科学了。

佛兰克林是一位多才多艺的人,他从事科学之研究始终只有九年,而贡献于世界的有火炉、避雷针、以太光波学说、印磁铜板、印刷机、双视眼镜、自鸣钟与他的电的理论。据他自己说他的实验得力于徒弟时代之工艺参观很多,这种为择业而举行之亲切之工艺参观却是他的父亲,一位蜡烛肥皂匠,在儿童教育上之一大发明。

原载1931年11月14日—18日,
12月8日—9日《申报·自由行》

手脑相长

近来我在报纸上发表了卖艺的广告。过后不久就接得中社一封信：请我于民国二十二年元旦正午的时候来演讲。我很高兴，不过社会上有许多人或尚对我怀疑。有一位朋友做了一首小诗，替我卖艺取一个名字，叫做"水门汀文艺"。这位朋友告诉我的意思是很深的。譬如有人在新世界门口水门汀上写了一大篇文字，说因为没有路费回家，求人解囊相助。我觉得这个名字很好，非常欢迎。这是对于我卖艺的解释。其次，刚才李先生问我，卖艺的生意好不好？我不敢说不好，因我说不好，人家不相信。有人要问我：为什么你要卖艺？今天我也要报告一下。在我的卖艺广告里有一句话说："乡下先生难度日。"要晓得乡下先生有许许多多人难度日，不只我一个乡下先生难度日。中国现在有许多人不得日子过。我的卖艺广告是等于一个报告，使人家都知道乡下先生都难度日，就如那陶知行也在卖艺了。我有一首诗描写乡下先生的苦况，现在可来背一下：

　　生长三家村，去来五里店。知己遍天下，终身不相见。雪花飞满天，身上犹无棉。一天吃两顿，有油没有盐；有油没有盐，饿肚看水仙。试问甜后苦，何如苦后甜。进城来索薪，轮流候茶园；薪水领不着，大家凑茶钱。爸爸长叹气，妈妈也埋怨。已经三十岁，还没有家眷。

现在乡下先生只有三条路好走：（一）要么饿死；（二）要么革命；（三）要么去投河。在这种情形之下有十几万人没有把他们的出路问题解决。不过他们本身的问题不能在他们本身上解决。农民生活的问题没有解决，乡村教师的生活问题就不会解决。

我本来无产阶级出身，后来出洋回来渐渐变成了中产阶级中人。现在却由中产阶级渐渐地流落到无产阶级了。

所以我对于中产阶级与无产阶级的情形都知道一点。我有一种信仰和决心：要从中产阶级不爬上去，而要爬下来。其实爬下来就是爬上去。要爬上去就要落下来。我为什么要走这一条路？可把我的一段历史来简单说一说：我在中产阶级登峰造极的时候，就是当中华文化教育基金委员会的干事，每月有四百元薪水、一百元公费。当时我家里的几个小孩子一起变成了少爷，没有小姐，因为我没有女孩子。他们添饭有人，铺床折被也有人。我小时候尚做些事，而他们现在一些事不做，将来大的时候不得了。慢慢享福惯了，害我自己是小事，害这些小孩子是不得了的。因老妈子和佣人把我们小孩子的手都变坏了，成了无用的手；把我的小孩子的脚也变坏了，成了无用的脚。小时候不能动手用脚，大的时候当然一切事要别人做；小的时候做惯少爷，大的时候当然做老爷。我以为世界上最有贡献的人只有一种，就是头脑能指挥手指行动的人。中国都是用头脑的人不用手，用手的人不用头脑。年成虽好，农民生计仍很苦，这因为他们的头脑不会去想。一般人读书都是读死书，死读书，读书死。日本人打进来了，我们只会喊口号。可是我们干了几十年，到现在所用的电灯，所坐的汽车，都是外国人做的。我们自己不会造出来，这是什么缘故？这因为书呆子不去干科学的事业，因他不用手去试验，不用手去创造。一定要四万万人用手推动机器，才能把中华民国创造起来。头脑帮手生长，手帮头脑生长。

中国有两种病：一种是"软手软脚病"，一种是"笨头笨脑病"。害"软手软脚病"的人，便是读书人，他的头脑一定靠不住，是呆头呆脑的。而一般工人农民都是害的"笨头笨脑病"，所以都是粗手粗脚。一个人要有贡献于社会，一定要手与脑缔结大同盟。然后，可以创造，可以发明，可以建设国家，可以把东三省拿回来！要东三省拿回来，没有这么容易，必须要用手去拿回来！

老妈子和佣人天天替代我的小孩子的手，使他们的手都变成无用的手，故我决心把五百元一月的干事职位不要了，去当一百元一月的校长。我们学校里没有一个听差，没有一个斋夫，各事都是学生自己干。我写了两首歌，一首是勉励学生的，一首是戒人不要做双料少爷。

第一首："滴自己的汗，吃自己的饭；自己的事自己干。靠人靠天靠祖上，不算是好汉！"

第二首:"自从家父做老爷,人人呼我阔少爷。谁知我还是自倒洗脸水,远不如进个学堂儿。上课看情书,下课拜小姐;不高兴闹个风潮儿,直要教员怕我如同儿子怕爹爹!请看今日卖国贼,那一个不是当年的双料少爷!"

上面两首歌,一首是建设论,一首是破坏论。我们学校里没有听差,结果很好。男学生挑水、烧饭,女学生倒马桶。饭是很好吃,为什么马桶不好倒?当那女学生初来投考我们的学校,我先要问她一声,愿意不愿意倒马桶?愿意倒马桶的来学。虽然倒马桶不能救国,但是它的进一步的意思很深。能倒马桶,小姐的架子打破了!她的一双手拿出来了,将来会玩出比外国更好的电灯出来,会玩出比外国更好的汽车出来,会玩出比外国更好的飞机出来。

至于各种人的手,如穿马褂子的人的一双手都缩拢在袖管里;穿西装的人的双手都插在裤袋里;老先生的一双手指甲留得长长,成一种曲线美,双手镶在袖管里;女学生的一双手都用手套子套了起来。因一双可以创造的手,套起来了,故把中华民国一起都套进去了,不能出头!

现在再讲脚。脚也要动动。从前女子绕小脚，用布包包。现在学外国新法绕小脚，应用几何学原理，高跟皮鞋就是一种几何三角形的道理。穿了这种皮鞋，脚不易走动了，弄得不好，就要跌跤。这样的女国民，能与日本去奋斗吗？多一个人穿高跟皮鞋，就是少一个人去奋斗。要解放脚，非打倒高跟皮鞋不可。要解放手，非打倒手套不可。新近我写了一首歌，知道的人已很多了。现在再来背一下：

人身两个宝，双手与大脑。用脑不用手，快要被打倒。用手不用脑，饭都吃不饱。手脑都会用，方是开天辟地的大好佬。

这大好佬，人人都会做！只要两只手拿出来用就行。国家不是几千个人几万个人所能做得好的。一定要四万万人都来推动机器，才可创造成功！这非用手不可。

脑与手没有力量，因血脉不相联通。我下了两帖药，叫它们的血脉联通起来。第一帖药名叫"脑化手"，使人人都有脑筋变化过的手。还有一帖要给无产阶级的农人和工人吃的,药的名字叫"手化脑",就是一面用手,一面要有思想。倘然就把用脑不用手的人的呆头呆脑拿来装过去却是不配的。几百年来,瞎子教育的成绩证明,我们的一双手可以变化我们的脑筋。手做了工,脑筋就变化了。一经变化之后,手与脑筋互相长进。怎样变化的法子,我可举一个例子来说明。我在上海办过一个小小的试验。就大场地方租了一间房子,里面的凳子都是从乡下人那边借来用一下。我们要自己学来做,请了一个木匠师傅来。不当他小工,当他一位太上先生,由我这大书呆子带了一班小书呆子跟他学。我对他说:"我们工钱不少你的,工钱照你的工作分配,所有四十只凳子一齐由你做好,我们一钱不给你。你能教会了一个书呆子做凳子,就有一个凳子的工钱。你教会了两个书呆子做凳子,就有两个凳子的工钱。"现在凳子都已做起来了,这样各人的手一用过后,自己买了一样科学仪器,自己就能仿造了。对这件事我已写了一首小诗:

> 他是木匠,我是先生。先生学木匠,木匠学先生。学学学,我变了木匠,他变了木匠先生。

脑筋与手联合起来，才可产生力量，把"弱"与"愚"都可去掉。手与脑联起来，即有力量了，力量要在那一方面表现出来？我以为力量要从两方面表现出来：

（一）要叫力量武装起来。全国的国民，武装了才有力量。这种力量才能广大。不说别的，就拿广西来说罢。据广西的民政厅长雷殷与新近从广西考察还沪的杜重远先生等讲，都很清楚，他们广西那边，只有八个字："寓兵于团，寓将于学。"过去的一年，已练成三十六万民团。预计五年可练二百万民团。不是个人来当民团，是个个人背了枪来干。各地的县长就是武装的团长。全省正式军队只有两师（即五万人）。他们把省下来的钱培养人民武力。老实说，日本人未来上海之前，他们早已在训练民团，整个的省份武装起来了。现在已经有成效，民众团体化、纪律化。武装起来，才能做国家的主人翁，才能消灭内战，才能打破外来的帝国主义侵略。几时日本兵要到北平？我们不知道。不过谁敢说日本兵不来？所以我们应该有这种准备！

（二）力量不只在武力上表现，还要在生产上表现。要有计划的组织的生产。一般年纪大的人，再要学起来很难,可是我们不要忘记我们的小孩子。有几个小孩子的,总得让他们多受一些科学的训练与生产的训练,从小的时候教起来。我们自己做一些粗工,不要老妈子和佣人去做,小孩子见了,也会跟着大人做了。我有几首儿童歌,是包含使儿童有创造的意思,现在背出来:

我是小盘古,不怕吃苦;我要开辟新天地,看我手中双斧!(《小盘古》)

我是小牛顿,让人说我笨;我要用我的脑筋,向大自然追问。(《小牛顿》)

我是小孙文,我有革命精神;我要打倒帝国主义,像个球儿打滚。(《小孙文》)

我是小工人,我的双手万能;我要造富的社会,不是造富的个人。(《小工人》)

今天所讲的可归纳为三点:(一)脑与手联合起来才能产生力量;(二)力量要在自卫政策上表现出来;(三)科学生产上头才把这力量表现出来。西洋人的耳朵只听得进的一个字,就是"力"字。你有力,他们听你;你没有力,他们不听你。

现在,我还有四句话要说,就是:

"不愿做工的,不配吃饭;不愿抵抗的,不算好汉。"

今天是我卖讲的头一回,也可说今天是我的处女讲。

1933年1月在上海中社的演讲词
原载1933年1月16日
《新社会半月刊》第4卷第2号

正确地看待书本

一、三种人的生活

中国有三种人：书呆子是读死书，死读书，读书死。工人、农人、苦力、伙计是做死工，死做工，做工死。少爷、小姐、太太、老爷是享死福，死享福，享福死。

二、三帖药

书呆子要动动手，把那呆头呆脑的样子改过来，你们要吃一帖"手化脑"才会好。我劝你们少读一点书，否则在脑里要长"瘩块"咧。工人、农人、苦力、伙计要多读一点书，吃一帖"脑化手"，否则是一辈子要"劳而不获"。少爷、小姐、太太、老爷！你们是快乐死了。好，愿意死就快快的死掉吧，我代你们挖坟墓。倘使不愿意死，就得把手套解掉，把高跟鞋脱掉，把那享现成福的念头打断，把手儿、头脑儿拿出来服侍大众并为大众打算。药在你们自己的身上，我开不出别的药方来。

三、读书人与吃饭人

与读书联成一气的有"读书人"一个名词，假使书是应该读的，便应使人人有书读；决不能单使一部分的人有书读叫做读书人，又一部分的人无书读叫做不读书人。比如饭是必须吃的，便应使人人有饭吃，决不能使一部分的人有饭吃叫做吃饭人，又一部分的人无饭吃叫做不吃饭人。从另一面看，只知道吃饭，不成为饭桶了吗？只知道读书，别的事一点也不会做，不成为一个活书架了吗？

四、吃书与用书

有些人叫做蛀书虫。他们把书儿当作糖吃，甚至于当作大烟吃,吃糖是没有人反对,但是整天的吃糖,不要变成一个糖菩萨吗?何况是连日带夜的抽大烟,怪不得中国的文人,几乎个个黄皮骨瘦,好像鸦片烟鬼一样。我们不能否认,中国是吃书的人多,用书的人少。现在要换一换方针才行。

书只是一种工具,和锯子、锄头一样,都是给人用的。我们与其说"读书",不如说"用书"。书里有真知识和假知识。读它一辈子不能分辨它的真假,可是用它一下,书的本来面目就显了出来,真的便用得出去,假的便

陶行知勉励孩子们好好学习,团结起来,"做追求真理的小学生"。

用不出去。

农人要用书，工人要用书，商人要用书，兵士要用书，医生要用书，画家要用书，教师要用书，唱歌的要用书，做戏的要用书，三百六十行，行行要用书。行行都成了用书的人，真知识才愈益普及，愈易发现了。书是三百六十行之公物，不是读书人所能据为私有的。等到三百六十行都是用书人，读书的专利便完全打破，读书人除非改行，便不能混饭吃了。好，我们把我们所要用的书找出来用吧。

用书如用刀，不快就要磨。
呆磨不切菜，怎能见婆婆。

五、书不可尽信

孟子说："尽信书则不如无书。"在书里没有上过大当的人，决不能说出这一句话来。连字典有时也不可以太相信。第五十一期的《论语》的《半月要闻》内有这样一条：

据二卷十二期的《图书评论》载:《王云五大辞典》将汤玉麟之承德归入察哈尔,张家口"收回"入河北,瀛台移入"故宫太液池",雨花台移入南京"城内",大明湖移出"历城县西北"。

我叫小孩子们查一查《王云五大辞典》,究竟是不是这样,小孩子们的报告是,《王云五大辞典》真的弄错了。只有一条不能断定,南京有内城、外城,雨花台是在内城之外,但是否在外城之内,因家中无志书,回答不出。总之,书不可尽信,连字典也不可尽信。

六、戴东原的故事

书既不可以全信,那么,应当怀疑的地方就得问。学非问不明。戴东原先生在这一点上是给了我们一个很好的引导。东原先生十岁才能开口讲话。《大学》有经一章,传十章。有一条注解说这一章经是孔子的话,由曾子写的;那十章传是曾子之意,由他的门徒记下来的。东原先生问塾师怎样知道是如此。塾师说:朱文公(夫子)是这样注的。他问朱文公是何时人,塾师说是宋朝人。他又问孔子和曾子是何时人,塾师说是周朝人。"周朝离宋朝有多少年代?""差不多是二千年了。""那么,朱文公怎样能知道呢?"塾师答不出,赞叹了一声说:"这真是个非常的小孩子呀!"

……

现在的学校教育是对穷孩子封锁,有钱、有闲、有面子才有书念。我们穷人就不要求学吗?不,社会就是我们的大学。关在门外的穷孩子,我们踏着王冕的脚迹来攀上知识的高塔吧。

原文为《读书与用书》,有删改
原载1934年11月10日
《读书与生活》第1卷第1期

四个先生

——教人写大众文，不取学费

中国大众的肚皮吃不饱，脑袋也饿得要命。会写文章的人是像厨子一样，只为阔佬烧大菜，不顾穷人吃糟糠。

现在有几种杂志，材料很好，写法不对。他们谈的是大众的事情，但是看得懂的只有少数人。识字的大众都看不懂，为了要知道自己的事情，又不得不看。他们只好皱起头皮来，拿着小字典，一面看，一面查生字。生字查不出来，要问人又没有人问。这是多么痛苦啊！给大众受这种痛苦的人是骄傲、懒惰、拥护方块字的文人。

《大众生活》是大众要看的一种杂志。我敢说必定有许多读过《千字课》的劳苦大众会拿《大众生活》来当作他们的高级课本读。我们若不想法子，叫他们容易看得懂，那真是罪过。法子在哪儿？投稿的人要努力学写大众文。大众文怎样写法？我也不敢胡说，可有四个先生可以介绍。只要我们自己虚心向他们请教，他们是愿意免费指导我们的。

（一）耳朵先生。我们平常写文章，只要眼睛看得满意就算是好的了。但是我们的眼睛，看惯了古文，看惯了白话文，最容易叫我们上当。它会教我们写成大众看不懂的文字。我们的耳朵呢，比起眼睛来是和大众接近些。我们听得懂的话，大众多半听得懂。根据我们听得懂的话语写出文章来，识字的大众是比较容易看得懂。写之前，写之时，写之后，都要把自己的耳朵请出来指导一下，读起来，耳朵听得懂，高兴听，就算及格；听不懂，不高兴听，就把它摔到纸篓里去。这样我们便可以少走一点错路。

（二）大众先生。我们的耳朵虽然比眼睛靠得住，但不是顶靠得住。顶靠得住的是大众的耳朵，农人、工人、车夫、老妈子、小孩子都是我们必须请教的先生。倘使能够认识几位前进的大众，那是格外的好。写好一篇文章或是一篇诗歌，读起来给他们听听，他们必定能够给我们改得很好。他们听到新名词的时候，有时听不懂，我们必得解释。

第一章 行是知之始，知是行之成

1917年陶行知（右一）在哥伦比亚大学时与胡适（左二）等人留影。陶行知与胡适同在美国哥伦比亚大学获博士学位，且都是美国哲学家、教育家杜威的学生。回国后都是在教育界工作，一南一北，都成了高等学府的教授，在各自的领域做出显著成果。

但是新名词也应当充分的根据大众语来创造或改造。比如，微生物学里的"草履虫"是无疑的应当改成"草鞋虫"。

（三）生活先生。把写好的文章请大众给我们改，还不如钻进大众的生活里面去过大众的生活。过大众的生活才算受大众的教育，才能写大众的文章。我们必须在大众的队伍里做一个队员，与大众打成一片，才能感觉大众的痛苦，发现大众的问题，明了大众的迫切的要求，这时候才有资格来写真正的大众文。所以第一流的大众文,是大众自己写的文章,而不是站在局外的人所能写得好的。

（四）新文字先生。现在有一种拼音的新文字出来。我依着新文字的方法,写过几篇短文。我发现新文字是我们写大众文的最好的先生。有一回我用新文字写好了一段,放在桌子上,过了两三个钟头回来,有一句看不懂了。这真奇怪咧！自己写的东西,自己看不懂。仔细的考查一下,我自己所以看不懂的缘故,是因为读起来听不懂了。若用汉字写,自己以为看得懂,就马马虎虎的让它算做大众文。新文字丝毫不许我们马虎。我们若不根据耳朵听得懂的话语来写,过不了几多时候,连自己也读不懂了。从根本上说,大众文就得用拼音的新文字来写。因为一种文字必定是要容易认,容易写,才容易普及而成为大众的文字。我们用汉字写大众文,结果,会变成小众文,因为汉字难认、难写、难于普及。用汉字写的文章,就不得不变成有闲的小众的消闲品。

原载1935年12月23日
《大众生活》第1卷第2期

火是从哪里来的

我很高兴在这里见到我的学生和学生的学生，不，是见到我的老师和老师的老师。为什么这样说呢？根据我主张的"生活教育"理论，教师要教学生，先要拜学生为师，向学生学习。"教人民进步者，拜人民为师"嘛！所以，我今天来是向你们——我的老师们学习的。

你们知道人类是怎么发现火和利用火的吗？古代希腊神话说，火是普洛米修士从上帝那里偷来送给人类的；中国则传说，远古有个燧人氏钻木取火，是他教会人们用火的。其实这些说法都不对，是不可信的。在亿万年前，地球上满布着一片又一片森林，森林里有野兽。原始人天天拿着木棍、石块，集队到森林里去打猎。那时人们不知道火是什么玩意儿，更不用火烧煮东西，就茹毛饮血，生吃野兽的肉，以致引起消化不良，常常闹肠胃病，人们的健康情况很不好。但是那时的气候同现在差不多，一年也分四季，到了夏天常有雷雨，一声霹雳，森林触电起火了，很快烧成一片火海，烧毁了不少树木，也烧死了许多的野兽。后来暴雨终于把大火扑灭。雨过天晴，原始人又来这里打猎，他们发现这儿躺着一只野猪，那儿睡着一只黑熊，便像往常那样围捕野兽，先攻击那只野猪。奇怪，野猪为什么不跑也不动呢？用木棍戳它，身上还起窟窿，放出香气来。原来是只烤熟了的野猪。于是，大家高兴地坐下来分吃猪肉。哈哈！美极了，这肉真好吃。原始人就是在这样的实践中发现了火，发现了火的作用。这是个了不起的伟大发现！是人的行动产生的知识，说明"行是知之始"。

原始人得到火的知识，便想利用火为自己服务。能把火带回部落去多好啊！他们有了新的行动要求，要有所创造了。一天，森林又着火了，为了给伙伴们带来幸福，有一位勇者伸手到树上去取火，呵呀！不好，五个指头不见了。怎么办？血的教训迫使人们动脑筋，想办法。这时从人群中走出一位聪明人，把一根折断的树枝伸到火里去，树枝立即燃了起来，火便到了他的手里。呵，呵！人群中爆发出震天的欢呼声，大家围着聪明人和火唱歌、跳舞，簇拥着他把火带回部落去了。从此，人类开始用火烧煮食物，御防野兽，取暖避寒，减少了疾病，增进了健康，保卫了自己的安全。

火帮助人类进入了文明时代，由火引出的发明创造，真是千千万万，千千万万！这说明人从行动中得到知识，又用知识指导新的行动，即进行创造。"做"，是在"劳力上劳心"的"做"；行是知之始，知是行之成。行动是老子，知识是儿子，创造是孙子。

1942年在重庆出席
大学生营火晚会的演讲词

通不通

张耀祥先生在《教育杂志》上发表了一篇短评,驳我们的"读死书,死读书,读书死"的言论。他拿了许多证据出来证明这三句话不通。是我们不通呢,还是他不通呢?这个我们愿意等候读者裁判,用不着我们自辩。但是他的短评里是有好几点引起了我们讨论的兴趣。

(一)

当我们劝告青年不要读死书,死读书,读书死的时候,我们接着就劝告大家要:

"用活书,活用书,用书活。"

我们的指针是"过什么生活,用什么书"。不用功的青年固不能借口而丢掉书本，蛀书虫也不能断章取义说我们把书本抹煞。

（二）

张先生说："近人提倡劳作，不惜毁谤读书。"我们所提倡的是"在劳力上劳心"，而不是寻常学校里的"劳作"。在我所写的论文里，从来没有"劳作"这个名词。我们是要大家参加社会生活里的劳动，而参加这种劳动的时候是要手脑并用。这种劳动，并不是在学校里设一门劳作功课点缀点缀就算完事。有时这些装饰品的劳作，除了开展览会外，是别无用处。甚至于这种功课是侮辱工具，糟蹋材料，加倍消耗。我们之所以反对读死书，死读书，读书死的动机，绝不是为了要提倡这种与当前社会生存需要无关的劳作。

（三）

字典、辞源、电话簿，我们只承认是用的书而不是读的书。当张先生编《中国识字测验》和校对《善恶字汇》的时候，恐怕也只是用字典而不是读字典。用字典是谁也赞成，读字典便是死读书了。张先生还举了《推背图》《烧饼歌》来证明那句"开卷有益"的老话。按他的意思，世界上是没有"死书"，只要是书，都是有用的。好，医学研究所的解剖室里的死尸何尝没有用！你能教大家都来研究死尸吗？你能因为医学家用得着死尸，就说死尸是活人吗？

（四）

"死读书"，他是承认了一半。他说："一说反复诵读一本不甚了解的书至烂熟为止，便是死读书。私塾里的儿童有这样的事。"但他一转身，又把承认的话吞了下肚。他以为不能责备这些儿童，"因为他们是被强迫使然的"。谁来责备小孩呢？但强迫小孩这样死读书的人，就能宣告无罪吗？

（五）

他又说："我以为如承认读书是件好事，正不妨多读。……书不像食物，吸收多了会停滞的；倒很像货财，多多益善。"这是多么精彩的一段读书发财论！我肥天下瘦，我智天下愚，本来是同一个人导演出来的两出悲剧。

陶行知（后排右二）等人与杜威（前排右一）留影。1919年5月1日，陶行知陪同杜威夫妇参观《申报》馆，与经理史量才等合影留念。杜威，美国著名的实用主义哲学家、教育家和心理学家。1915年9月，陶行知考入哥伦比亚大学，师从杜威。恩师杜威的教育思想对陶行知产生了深远的影响。"生活即教育"的教育观即是在杜威"教育即生活"的基础上继承和发展的。

(六)

张先生又说:"假若有人无需为目前个人衣食而劳作,致全力于读书,不管他是为求学或为消遣,我们都不应非议他。"请问这位致全力于读书的先生的衣从何来?食从何来?正当大众吃树皮草根的时候,读书人还以"致全力于读书"为消遣,还不许人非议。好,"农夫心内如汤煮,公子王孙把扇摇"。我们看到这两句诗,再看看张先生的言论,当作何感想?

只吃桑叶而不肯吐丝的蚕,谁愿养?

(七)

"书呆子是社会的名称,不是科学上的名称。"

他这样为书呆子辩护。但是我们能够因为科学里没有书呆子的名称,就能否认书呆子的病态吗?张先生赞成读经。好,引一句经来证明吧。孔子说:"乡愿,德之贼也。"请问"德之贼"是个科学的名词吗?乡愿能用科学为盾牌而逃避"德之贼"的社会制裁吗?书呆子是个什么人?我就用张先生的话来答复:书呆子是一个致全力于读书的人。他除读书以外,不做别的工作。爸爸病了他不管,妈妈没有米下锅了他不管,穷孩子不能上学他不管,邻居失火他不管,田里大旱他不管,逃荒的人吃树皮、草根他不管,黄河决口他不管,甚至于日本夺了东四省,打到了上海都不管。管是管的,《本草纲目》《孝经》《齐民要术》、教育统计、水灾报告、"九一八"和"一·二八"的历史,哪一样不是读得熟透了吗?然而麻木不仁!这种麻木不仁的人,还不是和呆子差不多?还不要想个法子来为他们诊治诊治吗?

(八)

读书读得太多,把性命送掉,据张先生说,这就是所谓"读书死"。如果世间真有这种人,他倒愿意顶礼敬拜。现在信教自由,谁都让他去崇拜。但是我们对于"读书死"的认识,决不停止在个人的死活上。拼命读书,始而近视,继而驼背,终而吐血以至于夭折。这种狭义的死,固然令人为他可惜,但是更可惜的是未死之前,整个生活之残废麻醉，失却人生、社会的正确意义。只管读书，不管父母死活，而父母死；只管读书，不顾民族死活，而民族死。这样，小己纵然读书成名，升官发财，而袖手坐看大己枯萎，我们要不称他为读书死也不行了。

（九）

张先生说："嗜书者好沉默，因为他时刻在思想；不爱参加其他活动，因为他已经得着最高等、最愉快之活动。"这几句话实在是一个有闲的书呆子的小影。除了思想宜改为呆想或空想之外，我想这幅小影是画得不错。书是当作鸦片烟吃上瘾了，躺在烟铺上大抽其大烟，虽有南面王也不愿做了。

（十）

不错，"犁耕是劳动，笔耕也是劳动"。但是"只问耕耘不问收获"的时代是过去了。我们必须问为什么耕？种的什么？不管是犁耕也好，笔耕也好，而种出来的东西都是麻醉人的大烟,那么,虽能愉快一时,前途怎么呢?

(十一)

　　最后,张先生误认读书与求知为一件事。用书只是追求已经发现的知识的一种方法。用书虽然重要,但是如果以书本为一切知识之泉源,那就难免坐井观天了。法拉第做订书徒弟的时候,对于书是钉一本看一本。一次,他装订一部百科全书,看到电气一章,觉得不够味。他以后关于发电机的发明,与其说是从书中得来,不如说是从书不够味中得来。

原载1935年6月16日
《生活教育》第2卷第8期

> 靠人，靠天，靠祖先，都不算好汉。

第二章 生活即教育

第一流的教育家

我们常见的教育家有三种：一种是政客的教育家，他只会运动、把持、说官话；一种是书生的教育家，他只会读书、教书、做文章；一种是经验的教育家，他只会盲行、盲动、闷起头来，办……办……办。第一种不必说了，第二第三两种也都不是最高尚的。依我看来，今日的教育家，必定要在下列两种要素当中得了一种，方才可以算为第一流的人物。

（一）敢探未发明的新理。我们在教育界做事的人，胆量太小，对于一切新理，小惊大怪。如同小孩子见生人，怕和他接近。又如同小孩子遇了黑房，怕走进去。究其结果，他的一举一动，不是乞灵古人，就是仿效外国。也如同一个小孩子吃饭、穿衣，都要母亲帮助，走几步路,也要人扶着,真是可怜。我们在教育界任事的人,如果想自立,想进步,就须胆量放大,将试验精神,向那未发明的新理贯射过去;不怕辛苦,不怕疲倦,不怕障碍,不怕失败,一心要把那教育的奥妙新理,一个个的发现出来。这是何等的魄力,教育界有这种魄力的人,不愧受我们崇拜!

(二)敢入未开化的边疆。从前的秀才以为"不出门能知天下事",久而久之,"不出门"就变做"不敢出门"了。我们现在的学子,还没有解脱这种风气。试将各学校的《同学录》拿来一看,毕业生多半是在本地服务,那在外省服务的,已经不可多得,边疆更不必说了。一般有志办学的人,也专门在有学校的地方凑热闹,把那边疆和内地的教育,都置在度外。推其原故,只有一个病根,这病根就是怕。怕难,怕苦,怕孤,怕死,就好好的埋没了一生。我们还要进一步看,在这些地方,究竟是谁的山河?究竟是谁的同胞?教育保国究竟是谁的责任?要晓得国家有一块未开化的土地,有一个未受教育的人民,都是由于我们没尽到责任。责任明白了,就放大胆量,单身匹马,大刀阔斧,做个边疆教育的先锋,把那边疆的门户,一扇一扇的都给它打开。这又是何等的魄力！有这种魄力的人，也不愧受我们崇拜。

敢探未发明的新理，即是创造精神；敢入未开化的边疆，即是开辟精神。创造时，目光要深；开辟时，目光要远。总起来说，创造、开辟都要有胆量。在教育界，有胆量创造的人，即是创造的教育家；有胆量开辟的人，即是开辟的教育家，都是第一流的人物。大丈夫不能舍身试验室，亦当埋骨边疆尘，岂宜随便过去！但是这种人才，究竟要到什么时候才能出现？究竟要由什么学校造就？究竟要用什么方法养成？可算是我们现在最关心的问题。

原载1919年4月21日
《时报·教育周刊·世界教育新思潮》第9号

为考试事敬告全国学子

口诵心维，日就月将。一学期之韶光，行且风驰电掣过去矣！今者暑假伊迩，吾人对于此将至未至之考期，其观念果何如乎？大概勤生多主乐观，惰生多主悲观。彼勤生兢兢业业，一日读一日之书，一时学一时之业。平日不虚度分阴，至考则不待楮墨，已有左券之操。更逆计前列之荣，师友之鉴赏，父母之宠幸，怡然意满，安得不乐乎？惰者则异是，平日惟宴安是娱，逸豫是耽。光阴宜宝贵也，而等于闲度；学业宜精思也，而苟于涉猎。至考则有落第之虞，更逆知点额之辱，师友之藐视，父母之责备，溯往自伤，而往者不可追，嗒然若失，又安得不悲乎？

然此二者，不足以尽将考时学子之态度也。夫畏辱思荣，荣益求荣，人之情也。彼惰者之自悲，吾无间焉。所惧者，彼既以惰而荒业，复不愿自居下风，谓美名可以幸邀，令誉可以幸取。因畏辱心而生侥幸心，复因侥幸心而生谲诈心者，比比然也。彼勤者之有荣，吾之悦也。所惧者，溺于虚名，不自满足，自量才智不如人，犹殚思竭虑，求有以达其冠军之目的。始于一念之贪，终于欺诈之行，此又学子考试时通常之态度也。

噫！两军对垒而阴谋用，五洲互市而狡计生，考试之时有试探焉！试探维何？夹带也，枪替也。稍敛形迹者，则剽窃焉，耳语焉。其为名虽繁，其为欺则一。而所以陷溺之者，则不出畏、贪之二念。试言其害：

（一）欺亲师。事亲莫大于孝，事师莫大于敬。不孝不敬，莫大于欺。考以舞弊而前列，终非庐山真面目。师不及察，给以优分，是师见欺矣。考卷寄家，亲不及辨，以为是真吾儿之英隽，是亲见欺矣。欺师不敬，欺亲不孝，不孝不敬，是为败德。败德之人，不得志害身家，得志害天下。自来滔天罪恶，盖有始于此者矣。

（二）自欺。彼舞弊者，果得售其术耶？吾以为能欺父母，能欺师傅，而不能欺同学。彼不肖之流，固相与朋比为奸,而自洁之士,必贱其行,必耻与伍。常见弄术者,考试未完,人言已藉藉而不堪入耳。彼固欲假此以邀前列,不知及因此而遭同学之鄙弃,召同学之藐视。将以求荣,适以受辱;将以欺人,适以欺己:其愚亦已甚矣。

(三)违校章。行欺禁令,载在章程。学校之章程,学校之法律也。违背学校章程而行欺,是藐视学校之法律也,是违背学校之法律也,是以学生而为犯人也。学生将以正人者也,己不自正而欲正人,可乎?学生将以治人者也,己不自治而欲治人,可乎?学生将以引人服从法律者也,己不服从而令人服从,可乎?学生之位置,最高贵之位置也;学生之前程,最远大之前程也。以尊荣之学生,而行同偷窃,甘以身试法,不独行为不轨,亦且太自轻其身分矣。

(四)辱国体。其在专门大学中,教员有外人,学生有外人。吾华生之一举一止,一言一行,莫不为彼邦人士所注意。倘不慎而所安、所由、所以,皆未能出于诚,则彼外人行将以一斑而概全豹,慢谓吾"中华之大病在于不诚"。则诸君有何面目对于此大好山川乎?吾之为此言,非欲诸君之媚外也。吾辈既忝为共和之国民,则不可不有共和之精神。共和之精神维何？自由而已！西谚曰："惟真诚为能令国民自由。"言行真诚，以保守扩张此铁血换来之自由，使外人对于中华民国皆存爱敬心，不起轻慢心，则吾人所当黾勉者矣！不此之务，而惟欺诈是尚，则不徒召外人之藐视，亦且失其共和国民之精神矣。

（五）害子孙。舞弊者岂仅一己行欺而已哉？其影响且及于子孙矣。生人之一举一动，皆印于神经系内。浅者霎时即没，深者历世不移，遗传而成本能。故父母惯于行欺，其恶根性之于子女，与生俱传。及长，子女可以不学而能欺。且孩童最易受影响人者也，父母之言行举动，子女多于不知不觉中被其激触，效而尤之。今日之学子，即他年之父母也。为学子而行欺，是不啻引将来子女之行欺矣。可不惧哉？

曰欺亲师，曰自欺，曰违校章，曰辱国，曰害子孙：考试舞弊之五恶德也。文文山[1]曰："读圣贤书，所学何事？"学欺亲师耶？学自欺耶？学违校章耶？学辱国耶？学害子孙耶？毋亦不大背圣贤之道，而违其莘莘求学之初

---

[1] 即文天祥，字履善，又字宋瑞，号文山。南宋大臣，文学家。

心也。闻之"道德为本,智勇为用"。欲载岳岳千仞之气概,必先具谡谡松风之德操;欲运落落雪鹤之精神,必先养皑皑冰雪之心志。德也者,所以使吾人身体揆于中道,智识不致偏倚者也。身体揆于正道,而后乃能行其学识,以造人我之幸福;学识不致偏倚,而后乃能指挥身体,以负天降之大任。道德不立,智勇乃乖。故有勇无德,楚项羽所以有垓下之围;有才无道,盆成括所以有杀身之祸;智勇兼备而无德,拿破仑所以有拘囚之恨。世顾有无德而能善其终者乎?吾辈学子可以深长思矣!

且吾人今日,盖莫不以爱国爱人自任矣。对于吞赃纳贿,则重斥之;对于任用私人,则訾议之;对于运动位置,则鄙弃之。吾嘉其志,吾佩其言,然爱国者必遵守法律。今日不服从学校之法律,安望其他日服从国家之法律乎?爱人者,必推亲及疏。今日师傅之昵而欺之,父母之亲而欺之,己身之切而又欺之,安望其他日之能爱人乎?孔子曰:"君子素其位而行。"(Perform your duty where you are.)今日之责不尽,安望其将来之尽责乎?况彼贪官污吏,其成也非一朝一夕之故。始于天性遗传之不良,继之以家庭教育之不良,继之以塾师教育之不良,终而入世，又复浮沉于不良之政府、社会中，习与性成，斯一举手而蠹国殃民。甚矣，始之不可不慎也！为学生而可求人枪替，为官亦可以金钱运动位置；为学生而为人枪替，为官亦可任用私人；为学生而夹带，而剽窃，而耳语，为官亦可吞赃纳贿。何则？履霜坚冰，其所由来也渐耳。故欲他日爱国爱人，必自今日不欺始。欺人欺己而自谓爱国爱人者，假爱也。亲且不爱，遑论乎疏？己且不自爱，遑论乎推己而爱人？

观彼行欺者流，鼠窃狗偷，畏首畏尾。未考之先，藏之惟恐不密；当考之时，袭之惟恐不速；既考之后，虑之惟恐不远。其用心殆可谓劳矣，而其结果乃如是之恶，则人亦何乐而为此？无如世道凌夷，俗尚欺诈，各校规则复未能严紧，加之教员多以得学生欢心，为保全位置计，见若不见，闻若不闻，弗敢穷究。驯致中人以下皆未免逐浪浮沉，习以为常，恬不为怪。不思其行为之鄙陋，反矜其运技之神速。噫！斯风不振，教育之前途何堪设想？敢以孔圣之言进告吾所敬爱之学子："过则勿惮改。"失之于前，改之于后，不失为颜回，不失为周处。若其徘徊歧路，不改前愆，则正邪不两立，清浊不同流。吾所敬爱之学子中，不乏洁身自好之士。所望毋惮权势，毋徇私情，择善而行，见义而为。大声疾呼而忠告之，耳提面命而规谏之；忠告规谏之不从，割席与绝之；割席之不悛，鸣鼓而攻之：必达肃清之目的而后已。诸君，诸君！今日不能止同学之欺行，安望他日除国家之秕政，革社会之恶俗乎？挽狂澜而息颓风，是所望于诸君之力行。

原载1913年5月
《金陵光》第4卷第4期

教育也需要推陈出新

《说文》:"新,取木也。"木有取去复萌之力,故新有层出不已之义。新教育与旧教育之分,其在兹乎?夫教育之真理无穷,能发明之则常新,不能发明之则常旧。有发明之力者虽旧必新;无发明之力者虽新必旧。故新教育之所以新,旧教育之所以旧,亦视其发明能力之如何耳。发明之道奈何?曰,凡天下之物,莫不有赖于其所处之境况。境况不同,则征象有异。故欲致知穷理,必先约束其境况,而号召其象征,然后效用乃见。此试验之精神,近世一切发明所由来也。彼善试验者立假设,择方法;举凡欲格之物,尽纳之于轨范之中:远者近之,征者大之,繁者简之,杂者纯之,合者析之,分者通之,多方以试之,屡试以验之,更较其异同,审其消长,观其动静,察其变化,然后因果可明而理可穷也。例如试验甲乙二教授法之优劣，则必将试验时之一切情形，归为一致。盖必先一其教师，一其教材，一其设备，一其时间，一其地方，而所教之学生又须年龄等，男女等，家境等，程度等，然后施以各异之教法，乃可知结果之攸归；屡试而验，然后二法之优劣，乃可得而发明焉。

……

故欲求常新之道，必先有去旧之方。试验者，去旧之方也。盖赏论之，教育之所以旧者五，革而新之，其惟试验。所谓五旧者何？

一曰，依赖天工。彼依赖天工者，待天垂象，俟物示征，成败利钝，皆委于气数。究其流弊，则以有限之时间，逐不可必得之因果，是役于物而制于天也，安得不为所困哉？困即无自新之力矣。苟其有之，或出于偶然。即有常矣，或所示者吝，吾又安能穷其极而启其新耶？荀子曰："大天而思之，孰与物畜而制之？从天而颂之，孰与制天命而用之？因物而多之，孰与骋能而化之？思物而物之，孰与理物而勿失之也？"此数语可谓中试验精神之綮要矣。盖善试验者役物而不为物所役；制天而不为天所制。惟其以人力胜天工，故能探其奥蕴，常保其新焉。

二曰，沿袭陈法。彼泥古之人以仍旧贯为能事。行一事，措一词，必求先例。有例可援，虽害不问；无例可援，虽善不行。然今昔时势不同，问题亦异。问题既异，方法当殊。故适于昔者未必适于今。徒执古人之成规，以解决今之问题，则圆枘方凿，不能相容，何能求其进步也？故欲求教育刷新进步，必先有试验，以养成其自得之能力。能自得，始能发明；能发明，则陈法自去，教育自新矣。

三曰，率任己意。教育为一种专门事业，必学焉而后成。然从事教育之人，偏欲凭一己一时之意，以定进行之趋向。故思而不学，凭空构想者有之；一知半解，武断从事者有之；甚至昧于解决，以不了了之者亦有之。空想则无新可见；武断则绝自新之路；不了了之，则直无新之希望矣。欲救斯弊，必使所思者皆有所凭，所断者皆有所据；困难之来，必设法求所以解决之，约束之，利用之：凡此皆试验之道也。

四曰，仪型他国。今之号称新人物者，辄以仪型外国制度为能事；而一般之士，见有能仪型外人者，亦辄谓为新人物。虽然，彼岂真能新哉？夫一物之发明，先多守秘密。自秘密以迄于公布，须历几何时？自公布以迄于外传，又须历几何时？况吾所仪型者，或出于误会。以误传误，为害非浅。即得其真相，而辗转传述，多需时日。恐吾人之所谓新者，他人已以为旧矣。不特此也。中外情形有同者，有不同者。同者借镜，他山之石，固可攻玉。不同者而效焉，则适于外者未必适于中。试一观今日国中之教育，应有而无，应无而有者，在在皆是。此非仪型外国之过欤？若能实心试验，则特别发明，足以自用。公共原理，足以教人。教育之进步，可操左券矣。

五曰，偶尔尝试。当一主义发生之时，必有人焉慕其美名而失其真意。其弊也，弥近似而大乱真。乃时人不察，误认试验为尝试。计划不确，方法无定，新猷未出，已中途而废矣。彼真试验者，则不然。必也有计划，有方法，视阻力为当然，失败为难免，具百折不回之气概，再接再厉之精神。成败虽未可必，然世界实由此而进步，教育亦由此而进步。此岂持尝试之见者所可能哉！

既能塞陈旧之源，复能开常新之源，试验之用，岂不大哉！推类至尽，发古人所未发，明今人所未明，皆试验之力量也。吾国数千年来相传不绝之方法，惟有致知在格物一语。然格物之法何在，晦庵与阳明各持一说。晦翁以"即物穷理"释之，近矣。然而即物穷理，又当用何法乎？无法以即物穷理，则物仍不可格，知仍不可致。阳明固尝使用即物穷理者也。其言曰："初年与钱友同论做圣贤，要格天下之物。……因指亭前竹子令去格看。钱子早夜去穷格竹子的道理，竭其心思，至于三日，便致劳神成疾。当初说他这时精力不足，某因自去穷格，早夜不得其理，到七日亦以劳思致疾。……及在夷中三年，颇见得此意思，乃知天下之物本无可格者；其格物之功，只在身心上做。"类此者皆坐格物不得其法之弊也。假使阳明更进一步，不责物之无可格，只责格之不得法，兢兢然以改良方法自任，则近世发明史中，吾国人何至迄今无所贡献？然亡羊补牢，未为晚也。全国学者，苟能尽刷其依赖天工，沿袭旧法，仪型外国，率任己意，偶尔尝试之旧习，一致以试验为主，则施之教育而教育新，施之万事而万事新，未始非新国新民之大计也。不然，若以应时为尽新之能事，则彼所谓旧教育者，当时亦尝为新教育也；而今之新教育，又安知他日之不或旧耶？

原文为《试验主义与新教育》，有删改
原载1919年2月《新教育》第1卷第1期

教育者之机会与责任

今天我的讲题是《教育者之机会与责任》，但是今天到会的，除教育者外，又有受教育的学生、提倡教育的办学者。我这题目，和上面种种人有什么关系呢？我想，学生对于教育发生的影响，自己首当其冲，自然要去看看教育者是否已经利用他的机会，尽了他的责任。办学者是督察教育者的人，更有急需了解教育者的机会与责任的必要。所以我这演讲，实在是以上三种人都应当注意的。

先从机会方面讲。教育者应当知道教育是无名无利且没有尊荣的事。教育者所得的机会，纯系服务的机会、贡献的机会，而无丝毫名利尊荣之可言。他的机会，可分四种：

（一）有可教之人：

（二）可教者而未能完全教；

（三）可教者而未能平均教；

（四）已受教而未能教好。

以上四种，都是予教育者以实施教育的机会。且先就第一种讲：

第一种是因为社会上有许多可教之人，所以教育者才能实行他的教育，倘若无人可教，则教育者就失其机会而无用武之地了。孔子曰："生而知之者，上也。"美国某哲学家对于他这句话很有怀疑，他反驳孔子说："生而知之者，下也。"可是他的话确乎也有根据，譬如最下等的动物——细胞，彼从母体脱离后，凡彼母亲会做的事，彼都会做。再推到小牛，彼虽然不似细胞那样快，但是不用隔多时，举凡彼母亲的事，彼也会做了。小猴子却又不同，彼有几个月要在彼母亲的怀里，因为彼又是较高于小牛的动物。人又不然了，人在小孩子的时期，最早要候二三年后，始能行动，后来又慢慢由幼稚园至于大学，去学他的技能，以做他父亲会做的事。总之，幼稚时间长，所以可教；教育者的机会，也是因为有可教的小孩子啊！

第二种是说可教的人没有完全受教。如中国有四万万之众，照现在统计表计算，只有五百四十万个学生。换言之，只有一百分之一点五是学生；一百人之中，能受教育的只有一个半人。这一百分之九十八点五的不能受教育者，都打着我们教育者的门，并且告诉我们说："现在是你们的机会到了，有一个人不入学校，就是你们还没有实行你们的机会。"

第三种是就受教的人说的。中国现在受教育有三桩不平均的地方：（一）女子教育；（二）乡村教育；（三）老人教育。

第一桩，女子教育在中国最不注重。中国全国有一千三百余县没有女子高等小学，又有五百余县没有一个女学生。若照百分法计算起来，男学生占学生中百分之九十五，女子却只占百分之五；以家庭论，一百个家庭，只有五个是男女同受教育——好家庭了。所以为家庭幸福计，男女都应受同等的教育。女子教育的重要有三：

（甲）女子同为人类，自应有知识技能，去谋独立生活。譬如四万万根柱子擎着大厦，设若有二万万根是腐朽不能用的木材，则此大厦必将倾倒，这是很明显的例子。所以女子必须受教育，去共同担负社会的责任。

第二章 生活即教育

（乙）女子富于感化性，能将坏的男子变好，并且可以融化男子的性情与人格。诸位不信，请看看你们的亲友，定可得着个很显著的证明。所以欲使男子不致堕落，非从女子教育着手不可。

（丙）女子受教育，必定十分顾及她子女的教育，不似男子的敷衍疏忽。所以普及女子教育，不但可以收到家庭教育的好果，并且可以巩固子孙的教育哩！

第二桩，不平均是城乡学校的相差，城里学校林立，乡下一个学校都没有。以赋税论，乡下人出钱，比城里人多些；他们的代价，至少也应当和城里平均，才是公允的办法。故乡村教育，应为教育者所注意。

第三桩，是小孩子可以受教育，而老年人则无受教育之机会。一般教育者，也只顾及小孩子的教育，对于老年人很少加以注意，这也是件不平均的事。中国现在内外交困，社会多故，如若候着那班小孩子去改造，非待二三十年后不能奏效。所以欲免除目前的危险，必须兼顾着老幼的教育。

许多女子、乡村人、老年人都打着我们教育者的门，如求雨一般地哀求我们放他们进来。这也是我们的机会到了！

  第四种机会，是因为小孩子虽然受教，但是没有教好。如已教好，我们教育者又无机会了。没有教好者，可分四层讲：

  （甲）人为物质环境中的人，好教育必定可以给学生以能力，使他为物质环境中的主宰，去号召环境。如玻璃窗就是我们对于物质环境发展的使命之一。我们要想拒绝风，欢迎日光，所以就造一个玻璃窗子去施行我们拒风迎光的使命，叫讨厌的风出去，可爱的日光进来。又如我们喜欢日光和风，但是想拒绝蚊蝇，所以又造了一种纱窗去行我们使命。这种使命，并非空谈，因为我们有能力，确可使这些自然的环境听我们调度。故学校应给学生使命环境的能力，去做环境的主宰。以上不过是表明人对付环境的两个例子。

  水也是自然环境之一，但是人不能对付彼，常常为彼所戕杀，如去年门罗博士到苏州参观教育，同行有四位女学士。过桥的时候，女学士的车子忽然翻落桥底；当时船家和兵士都束手无策，等到想法捞起，已经死了一个。我们从这件事得着一个教训，就是"学生、船夫、兵士都不会下水"，以致人为自然环境的"水"所杀。

人在青年时发育最快，身体的发育犹如商人获利一样，可是商人获利是最危险的事，偶一不慎，当悖出如其所入。我们青年生长时，亦有危险，学校讲求体育，应问此种体育是否增加学生的体健，使他们不致有种种不测之事发生？

这种学生的父兄，也带了他瘦且弱的子弟，打我们教育者的门，厉声问我们教的是什么教育？

（乙）人不但是物质环境中之一人，也是人中之一人。人有团队，有个人，在这团体和个人中，便发生相对的关系。此种关系，应互相联络，以发展人性之美感。在此阶段制度破产时，我们绝不承认社会上还有什么"人上人""人下人"，但是"人中人"我们是逃不掉的。我们既然都是人中之一人，那么，人与人自然会有相互的关系了。这种关系能否高尚优美，尚属疑问。且就现在的选举说吧，被选人手里执着些洋钱，选举人手里执着一张票，他们所发生的关系，是洋钱的关系，选举的关系罢了！这种关系能合乎高尚的条件吗？

再看留学生的选举如何？记得从前中央学会选举时，

自称为博士、硕士的留学生，不也是一样的舞弊吗？其他如大学毕业生、中学毕业生以及未毕业的中学生，他们又是怎样？他们为什么拿着清高的人格去结交金钱？去结交政客？做金钱的奴隶？做政客的走狗？这样的学生对得起国家、社会吗？对得起父母吗？对得起自己的人格吗？

国家、社会、父母，都带着他的子孙，打我们教育者的门，骂我们为何太不认真以致教出这种子弟！

（丙）好教育应当给学生一种技能，使他可以贡献社会。换言之，好教育是养成学生技能的教育，使学生可以独立生活。譬如社会上的农夫、裁缝、商人、工人、教员……他们都有贡献社会的技能，他们各人贡献他们所做的事，可以使社会得着许多便利。倘若有一个人没有能力，则此人必分大家的利，而造成社会的恐慌了！所以教育的成绩，就是"技能"；教育就是"技能教育"。且拿现在的师范生做个比喻，现在师范毕业的学生只有十分之八可以服务，十分之一可以升学，其余的十分之一，却做了高等游民了。再看中学毕业生，也只有三分之一可以服务，三分之一可以升学，其余三分之一，也就做了游民了！但是他们虽然不能服务，倒不惯受着清闲的日子，反做出许多不正当的事业，实在危险啊！

这种游民式学生的父兄，也打着我们教育者的门，问我们何以教出这种不会做正当事的子弟？并且教我们重新改过课程，使毕业的学生皆可独立。

（丁）人不能没有休息，但休息是人最险之时。人无论怎样忙，都没有损害，倘若休息，则魔鬼立至。我们可以看出社会上许多恶事，都是在休息时候做的。所以学校里有音乐，便是给学生以正当的娱乐，使学生不致在休息时间做出恶事。可是学生回到家里，既无教员、同学和他盘桓，又没有经济设置音乐去助他的娱乐，难免不发生其他的事来。所以学校应当使学生在休息时有正当的愉快。

这又是我们教育者的机会了！

总之，以上皆是我们教育者的机会。平常人对于机会怎样对待呢？大约可以看出四种情形来：

（A）候机会。有一班教育者天天骂机会不来，好像穷妇人想发财一样，但是机会不是观望的，所以等着机会是极愚拙的事，可以料定永远不会收着成效的。

（B）失机会。又有一班教育者，他明明看见机会来了，等到用手去捉彼，彼又跑掉了。如此一次、二次、三次……仍旧不能得着机会。因为机会生在转得极快的圆盘子上，倘若没有极敏捷的手去捉彼，总会失败的。

（C）看不见机会。机会是极微细的东西，有时且要用显微镜和望远镜去找彼。一般近视眼的教育者，若不利用那两种镜子，是很难看见机会的。

（D）空想机会。还有些教育者，机会没有来，到处自炫，就像得着机会一样。犹如两个近视眼比看匾，在匾没挂起来的时候，都去用手摸了匾。后来共请一位公证人去批评，他们各人述了自己的心得，公证人忍不住笑了，因为这匾还没有挂上，他们都是"未见空言"咧！

这类"未见空言"的教育者，他们一味的空想，结果总没有机会去枉顾他一次。

现在再谈谈好的教育者。我以为好教育者，应当具有灵敏的手去抓机会，并且要带千里镜去找机会，机会找着了，就用手去抓住彼，不断地抓住彼，还要尽力地发展彼。

再说一说教育者的责任。简单一句话，教育者的责任就是"不辜负机会；利用机会；能用千里镜去找机会；会拿灵敏的手去抓机会"。

办学者和学生都应当看看教育者是否利用他的机会；如果没有利用他的机会，便是他没有尽责。尽责的教育者，可以使学生发生"快乐"与"不快乐"两种感想；但是不尽责的教育者，也可以得着这两种情形，这是什么缘故？

因为教育者尽责，可以使学生在物质环境中做好人，教他学习一种技能去主宰环境。这种教育者，学生对于他有合意的，有不合意的。合意者不生问题，不合意的学生只请他认定教育者是否教我们做一个好人。如是，那我们就应当忍耐着成全这教育者的机会。设若教育者不负责，辜负了机会，不使学生求学，我们这时候，应当知道学生有好有坏，教育者也有尽责与不尽责，不尽责的教育者常为坏学生所欢迎，同时也被好学生唾弃。做好学生、好教育者，更应当对于坏教育者、坏学生加以严厉的驱逐，使这学校成为好的学校。

这桩事，无论是教育者、学生、办学者，皆当注意。我们不能辜负这机会与责任，自然要奋斗。攻击坏教育者、坏学生，是我们不可不奋斗的事，尤其是安徽不可不奋斗的事！

1921年夏在安庆暑期演讲会上演讲
原载1922年7月7日《民国日报·觉悟》

创造一个四通八达的社会
——致文渼的信

渼妹：

前在安庆接到家书，承嘱于修改后奉还，此事拟于到武昌后办理，一二日之内即可寄出。家中所需物品可以带京，请函冬弟购办。

知行一句钟内可以抵汉，拟于二十三日回安庆，二十四日赴芜湖。回京日期，当在十二月初。

知行近日买了一件棉袄，一双布棉套裤，一顶西瓜皮帽，穿在身上，戴在头顶，觉得完全是个中国人了，并且觉得很与一般人民相近得多。

我本来是一个中国的平民。无奈十几年的学校生活，渐渐的把我向外国的贵族的方向转移。学校生活对于我的修养固有不可磨灭的益处，但是这种外国的贵族的风尚，却是很大的缺点。好在我的中国性、平民性是很丰富的，我的同事都说我是一个"最中国的"留学生。经过一番觉悟，我就像黄河决了堤，向那中国的平民的路上奔流回来了。

平民教育的宗旨是要叫种种人受平民化。一方面我们要打通层层叠叠的横阶级。如贫富、贵贱、老爷小的、太太丫头等等，素来是不通声气的，我们要把他们沟通。又一方面我们要把深沟坚垒的纵阶级打通。纵阶级的最昭著的是三教九流七十行，江南江北、浙东浙西、男男女女等等，都有恶魔把他们分得太严。这种此疆彼界也非打通不可。民国九年，南京高师办第一次暑期学校的时候，胡适之、王伯秋、任鸿隽、陈衡哲、梅光迪诸先生和我几个人在地方公会园里月亮地上彼此谈论志愿，我说我要用四通八达的教育，来创造一个四通八达的社会。我这几年的事业，如开办暑期学校、提倡教职员学生之互助、提倡男女同学、服务中华教育改进社，都是实行这个目的。但是大规模的实行无过于平民教育。我深信平民教育一来，这个四通八达的社会不久要降临了。

我这一个多月来随便什么地方都去传平民教育。四天前，我到南昌监狱里去对四百个犯人演讲，我说人间也有天堂地狱。若存好的念头，心中愉快，那时就在天堂；若存坏的念头，心里难过，那时就在地狱。我说到这里，忽然得到一个意思。这个意思就是天堂地狱也得要把他们打通。后来我想了一句上联送自己："出入天堂地狱。"下联没有想出来，请你给我对起来罢！

　　这次在轮船上觉得很安逸。记得前年我们到牯岭去，轮船上一夜数惊。我们生在此时，有一定的使命。这使命就是运用我们全副精神，来挽回国家厄运，并创造一个可以安居乐业的社会交与后代。这是我们对于千万年来祖宗先烈的责任，也是我们对于亿万年后子子孙孙的责任。

　　这时我在汉口南洋宝酒楼。这是个徽州馆。我在这里吃牛肉面，吃的饱得很，只费了一角五分钱。

　　再过半点钟，我就要渡江到武昌去了。我现在康健快乐。敬祝你和全家康健快乐！

知行

十二年十一月十二夜写起，十三日早晨写了

学生的精神

知行此次因全国教育联合会事来湘,今天得与诸君见面,这是很愉快的。知行是世界的学生,诸君是学校的学生,今天是以学生资格,对诸君谈话。有些议论,也许诸君是不愿听的。但是"忠言逆耳利于行",诸君或者能够原谅。

我现在要讲的题目,就是《学生的精神》。在我未说这题目之先,有点意思对诸君说一说:现在中国许多学生及一般教员,有一个很大的通病,就是容易"自满"。不论研究何种学科,只有相当的了解,即扬扬自得、心满意足。尤其是在过教员生活的,觉得自己处在教师地位,不必再去用功研究了。中国"四书"上有两句话说:"学而不厌,诲人不倦。"这真真千古不灭的格言,并且是两句不能分开的话。因为要"学而不厌",才能够做到"诲人不倦"。例如我们来教一班小学生,倘若自己全不加以研究,只照着别人编的书本,自己抄的老笔记,依样画葫的教去,当学生的,固然不能受多大的益,当教师的,也觉得不胜其烦,没有多大的趣味。如是的粉笔生涯,不能不厌烦了。倘若当教师的,自己天天去研究,有所得的,即随时输之于学生,如此则学生受益较多,即当教师者,也觉得有无穷的乐趣。所以学生求学,固然要"学而不厌",就是当了教员,还是要继续的"学而不厌"。这可说是我现在要讲的"学生精神"的先决问题。

现在开始来讲《学生的精神》了。学生精神,大约分之为三点:

(一)学生求学须具有科学的精神。我们不论研究什么学科,总要看一个明白,想一个透彻,多发些疑问,切不可武断盲从。例如别人要我们信仰国家主义,我们必须明了国家主义的内容是否合于现代社会,才定信仰不信仰的方针。其他,社会主义亦然,无政府主义亦然……尤其我们研究科学之时,碰到一个问题来了,"知之则知之,不知则不知"。因为我们自己知道自己不知的地方,那还

民国时期大学生毕业合影。

有能够知道的一日；倘若不知的而认以为知，那么，不知道的，终究没有知道的日子了；还可说是自己斩断自己求学的机能，所以我们学生求学，第一步就要有科学的精神。

（二）要改造社会必具有委婉的精神。我们在任何环境里面做事，不可过于急进。譬如园丁栽花木，倘只执一镰斧，乱砍荆棘，我相信花木亦必随之而受伤。务须从旁着想，怎样才能使荆棘去掉，那么，非用委婉的功夫不可。改造社会，也是一样，尤其是我们学生，因为是领导民众的中坚分子，倘用乱刀斩麻的手段，必引起一般民众起畏惧之心，怎样还讲得社会改造？所以我们要社会改造，也需要用委婉的精神，走到民众前头，慢慢地领他们向前走，并且还要告示他们向前走的方法。如此才有社会改造的希望。不然，任你如何轰轰烈烈倡社会改造，社会还是不能改造的。

（三）应付环境必具有坚强人格和百折不回的精神。我们处在任何环境里面，必抱有坚强人格，不可自由摇动，尤其到了利害生死关头之时，必富有"富贵不能淫，贫贱不能移，威武不能屈"的气概。这才算得一个真正的大丈夫，真正的国民。现在中国一班学生——其实不仅是学生——在普通情形的时候，各人的性格，好像没有多大的区别。但到危急存亡利害相冲的关头，就看得清清楚楚，各人露出自己的本来面目。中国民众的不能团结，这就是一个很大的原因。所以我们处在任何的环境里面，坚强不摇的人格及不屈不挠的精神，决不能少的，尤其在我们学生时代。我现在要举一段历史例子给诸君听，就是明朝的方孝孺先生，当燕王棣篡位之时，使他草《即位诏》，他大书"燕王篡位"四字，因此被夷十族。当燕王篡位之时，势力胜过现在的任何军阀，但不能压迫方先生一笔锥。可见方先生的人格及不怕死的精神，真令人钦佩而尊敬，亦可证明读书人不可忘掉气节。

学生的精神，大概分为上列三点。我觉得在今日的学生中，亟宜注意的。因时间仓卒，说得不周到处，请诸君原谅！

原载1925年12月1日
《国民日报·觉悟》

学问之要素

——答程仲沂先生的信

仲沂先生：

……

先生所说做学问有三要素：一体健，二天才，三财力。很有见地。

知行以为体健是人生的一个最要目的，也是学问的一个最要目的。学生是学习人生之道的人。学以厚生则可；学以伤生是断断乎不可的。天才是做学问的根据。有几分天才做几分学问。大概天才有十分八九之势力，教育的势力只占十分之一二。教育万能之说是教育界自欺欺人的话。但是天才有时很不容易看出来。时机未到，天才隐在里面，专靠主观、武断，以致差之毫厘，失之千里的，是常有的事。

　　第三点恕我不大表同意。我不承认财力是学问的要素。我以为，只要有志学问或是有志于子女的学问，经济的难关是可以打破的。后代的学问是有社会关系的。自己倘若十分困难就号召社会的力量成全子女入学也是应该的。这是就求学必不可少的经费说的。我还有一点意见，就是：穷苦和学问是好友；富贵和学问是仇敌。那天天轻裘肥马，炫耀于同学之前的，究竟的学问如何？

　　　　　　　　　　　　　　十二年九月二十日

有好生活才有好教育

今天我要讲的是"生活即教育"。中国以前有一个很流行的口号,我们常用得很多而且很熟的,就是"教育即生活"(Education of life)。教育即生活这句话,是从杜威(John Dewey)先生那里来的,我们在过去是常常用他,但是从来没有问过这里边有什么用意。现在,我把他翻了半个筋斗,改为"生活即教育"。在这里,我们就要问:"什么是生活?"有生命的东西,在一个环境里生生不已的就是生活。譬如一粒种子一样,他能在不见不闻的地方而发芽、开花。从动的方面看起来,好像晓庄剧社在舞台演戏一样。"生活即教育"这个演讲,从前我已经讲了两套,现在重提我们的老套。

第一套就是:

是生活就是教育，不是生活的就不是教育；

是好生活就是好教育，是坏生活就是坏教育；

是认真的生活就是认真的教育，是马虎的生活就是马虎的教育；

是合理的生活就是合理的教育，是不合理的生活就是不合理的教育；

不是生活，就不是教育；

所谓之生活未必是生活，就未必是教育。

第二套是第二次讲的时候包括进去的，是按着我们此地的五个目标加进去的，就是：

是康健的生活，就是康健的教育，是不康健的生活，就是不康健的教育；

是劳动的生活，就是劳动的教育，是不劳动的生活，就是不劳动的教育；

是科学的生活，就是科学的教育，是不科学的生活，就是不科学的教育；

是艺术的生活，就是艺术的教育，是不艺术的生活，就是不艺术的教育；

是改造社会的生活，就是改造社会的教育，是不改造社会的生活，就是不改造社会的教育。

近来，我们有一个主张，是每一个机关，每一个人在十九年①里都要有一个计划。这样，在十九年里我们所过的生活，就是有计划的生活，也就是有计划的教育。于是，又加了这么一套：

是有计划的生活，就是有计划的教育，是没有计划的生活，就是没有计划的教育。

我今天要说的就是：我们此地的教育，是生活教育，是供给人生需要的教育，不是作假的教育。人生需要什么，我们就教什么。人生需要面包，我们就得受面包教育；人生需要恋爱，我们就得过恋爱生活，也就是恋爱的教育。照此类推，照加上去：是那样的生活，就是那样的教育。

与"教育即生活"有联带关系的就是"学校即社会"。"学校即社会"也就是跟着"教育即生活"而来的，现在我也把他翻了半个筋斗，变成"社会即学校"。整个的社会活动，就是我们的教育范围，不消谈什么联络，而

---

① 即民国十九年，1930年。

他的血脉是自然流通的。不要说"学校社会化"。譬如现在说要某人革命化，就是某人本来不革命，假使某人本来是革命的，还要他"化"什么呢？讲"学校社会化"，也是犯同样的毛病。"社会即学校"，我们的学校就是社会，还要什么"化"呢？现在我还有一个比方，学校即社会，就好像把一只活泼泼的小鸟从天空里捉来关在笼里一样。他要以一个小的学校去把社会上所有的一切东西都吸收进来，所以容易弄假。社会即学校则不然，他是要把笼中的小鸟放到天空中去，使他能任意翱翔，是要把学校的一切伸张到大自然里去。要先能做到"社会即学校"，然后才能讲"学校即社会"；要先能做到"生活即教育"，然后才能讲到"教育即生活"。要这样的学校才是学校，这样的教育才是教育。

……

现在，我们这里的主张已经终于到了实现的时期了，问题是在怎样实现。这一点，可以分作三个时期：

第一个时期，是生活是生活，教育是教育，两者是分离而没有关系的。

第二个时期，是教育即生活，两者沟通了，而学校社会化的议论也产生了。

第三个时期,是生活即教育,就是社会即学校了。这一期也可以说得是开倒车,而且一直开到最古时代去。因为太古的时代,社会就是学校,是无所谓社会自社会学校自学校的。这一期也就是教育进步到最高度的时期。

其次,要讲生活即教育与社会即学校,有几方面是要开仗的,而且是不痛快的、是很烦恼,而与我们有极大的冲突的。

第一,在这个时期,是各种思潮在中国谋实现的时期。中国几千年来的传统教育所支配的许多传统思想都要在此时期谋取得他的地位。第二,是外来的各种文化。如德国以前是以文化为中心的。这种文化,胡适之先生曾说是一种Gentleman的文化,是充满着绅士气的,第二是英国的。

现在先说中国遗留下来的旧文化与我们的生活即教育是有冲突的。中国从前的旧文化,是上了脚镣手铐的。分析起来,就是天理与人欲,以天理压迫人欲,做的事无论怎样,总要以天理为第一要件。

他是以天理为一件事,人欲为一件事。人欲是不对的，是没有地位的。在生活即教育的原则之下，人欲是有地位的，我们不主张以天理来压迫人欲。这里，我们还得与戴东原先生的主张打一打通。他说，理不是欲外之理，不是高高的挂在天空的；欲并不是很坏的东西，而是要有条有理的。我们这里主张生活即教育，就是要用教育的力量，来达民之情，顺民之意，把天理与人欲打成一片，并且要和戴东原先生的哲学联合起来。

与此有联带关系的就是"礼教"。现在有许多人唱"礼教吃人"的论调。的确，礼教吃的人，骨可以堆成一个泰山，血可以合成一个鄱阳湖。我们晓得礼是什么？以前有人说，礼是养生的，那是与生活即教育相通的。这种礼，我们不惟不打倒，并且表示欢迎。假若是害生之理，那就是要把人加上脚镣手铐，那是与我们有冲突的，我们非打倒不可。因为生活即教育是要解放人类的。

再次，中国从前有一个很不好的观念，就是看不起小孩子。把小孩子看成小大人，以为大人能做的事，小孩也能做，所以五六岁的小孩，就教他读《大学》《中庸》。换句话说，就是小孩子没有地位。我们主张生活即教育，要是儿童的生活才是儿童的教育，要从成人的残酷里把儿童解放出来。

还有一点要补充进去的,就是书本教育。从前的书本教育,就是以书本为教育,学生只是读书,教师只是教书。在生活即教育的原则之下,书是有地位的,过什么生活就用什么书,书不过是一种工具罢了。书是不可以死读的,但是不能不用。从前有许多像这样的东西,是非推翻不可的,否则不能实现"生活即教育"。

现在外面传进来的思潮,也有许多与我们是冲突的。以文化做一个例吧。以文化做中心的教育,他的结果是造成洋八股。文化是人类创造出来的,固然是非常的宝贵,但他也不过是一种工具而已,不能拿做我们教育的中心。人为什么要用文化?是要满足我们人生的欲望,满足我们生活的需要。电灯是文化,我们用了他,可以把一切看得更明白;无线电是文化,我们用了他,可以更便利;千里镜是文化,我们用了他,可以钻进土星、木星里去。……所以文化是生活的工具,他是有他的地位的。我们不惟不反对,并且表示欢迎。欢迎他来做什么呢?就是满足我们生活的需要。有些人把他弄错了,认他做一种送人的礼物,这是不对的。文化要以参加做基础,有了这参加的最低限度的基础，才能了解，才能加上去。生活即教育与以文化为中心的教育的不同，就是如此。

还有训育与生活即教育的理论怎么样？生活即教育与训育把训与教分家的关系怎样？生活即教育与社会即学校如何实现？小学里如何把他实现出来？假使诸位以为是行得通的，最好是每一个人拟一个方案来交我，那一部分可以实现，我们就拿那个地方当一个社会实现出来。

现在我举一个例说：去年因为天干，和平学园因为急于要水吃，就开了一个井。井是学校开的，但是献给全村公用，不久就发现了两个大问题：

（一）每天出水二百担，不敷全村之用。于是大家都起早取水，后到的取不到水。明天又比别人早，甚至于一夜到天亮，都有取夜水的。到天亮时，井里的水已将干了。群聚在井边候水，一勺一勺的取，费尽了气力，才打出一桶水。

（二）大家围着取水，争先恐后，有时甚至用武力解决。

这种现象，假使是学校即社会，就可以用学校的权力来解决，由学校出个命令，叫大家照着执行。社会即学校

第二章　生活即教育

育才学校学生留影。

的办法就不然，他觉得这是与全校人的生活有关系的，要全村的人来设法解决，于是就开了一个村民大会，一共到了六七十个人，共同来做一个吃水问题的教学做。到会的人，有老太婆，也有十二三岁的小孩子，公推了一位十几岁的小学生做主席。我和许多师范生，就组织了一个诸葛亮团，插在群众当中，保护这位阿斗皇帝。老太婆说的话顶多，但同时有许多人说话，大家听不清楚，而阿斗皇帝又对付不下来。这回，诸葛亮用得着了，他就起来指导。结果，共同议决了几件事：

（1）水井每天休息十小时，自下午七时至上午五时不许取水。违者罚洋一元，充修井之用。

（2）每天取水，先到先取，后到后取。违者罚小洋六角，充修井之用。

（3）公推刘君世厚为监察员，负执行处分之责。

（4）公推雷老先生为开井委员长，筹款加开一井，茶馆、豆腐店应多出款，富户劝其多出，于最短期内，由村民团结的力量，将井开成。

这几个议案是由阿斗会议所通过的。这就是社会即学校的办法。由此，我有几个感触：

（一）民众运动，要以对于民众有切身的问题为中心。否则，不能召集。

（二）社会运动，非以社会即学校则不能彻底实行。而社会即学校，是有实现的可能的。

（三）不要以为老太婆、小孩不可训练，只要有法子，只要能从他们切迫的问题着手。

（四）公众的力量比学校发生的大。假使由学校发命令解决，则社会上了解的人少，而且感情将由此分离。

（五）阿斗离了诸葛亮是不行的。和平门吃水问题，倘无相当指导，可能再过四五千年也不会解决。

（六）做民众运动是要陪着民众干，不要替民众干。训政工作要想训练中华国民，非此不可。

这就是以小学所在地做一个学校的例。其余的例很多，不必多举。社会即学校要如何的实现，请大家一样一样的做个方案，二次开会的时候再谈。

这是证明"生活即教育"与"社会即学校"是相联的，是一个学理。

关于"生活即教育"，我现在再来补充一套。我们是现代的人，要过现代的生活，就是要受现代的教育。不要过从前的生活。也不要过未来的生活。若是过从前的生活，就是落伍；若要过未来的生活，就要与人群隔离。从前有一部书叫《明日之学校》，大家以为很时髦，讲得很熟的。我希望乡村教师，要办今日之学校，不要办明日之学校。办今日之学校，使小学生过今日之生活，受今日之教育。

原文为《生活即教育》，有删改
原载1930年3月29日《乡村生活》第9期

每天都要反省自己

……

现在我提出四个问题,叫做"每天四问":

第一问:我的身体有没有进步?

第二问:我的学问有没有进步?

第三问:我的工作有没有进步?

第四问:我的道德有没有进步?

第一问:"我的身体有没有进步?"

首先,我们每天应该要问的,是"自己的身体有没有进步?有,进步了多少?"为什么要这样问?因为"健康第一"。没有了身体,一切都完了!不禁使我想到了去年二周纪念前九日邹秉权同学之死！与今年三周纪念前九日魏国光同学之死！二人之死的日子是恰恰一周年，不过时间上相差八九个钟点罢了。因这两位同学的死，使我联想到，我们必须继续建立"健康的堡垒"。要建立健康的堡垒，必须注意几点：

（一）"科学的观察与诊断"。科学是教我们仔细观察与分析，譬如邹秉权、魏国光两同学之死，尤其是魏国光同学这一次的死，不能不说是我们先生、同学的科学的观察力不够。魏国光同学患的是"蛔虫"症候，他在学校寝室内吐过蛔虫，有同房的同学见到没有报告，先生也没有仔细查看，到了医院又在痰盂中吐过蛔虫，又没有留心注意到，这就是科学重证据的"敏感"，而成为一种不科学的"钝感"了！医生又复大意，则在这种钝感之下据之而误断为"盲肠炎"。虽然他腹痛的部位是盲肠炎的部位，但既称为"炎"，就必得发"热"；今既无热，就可以断定不是盲肠炎了。何以需要开刀割治？！其实魏国光同学的病症是蛔虫积结在肠胃内作怪，不能下达，而向上冲吐了出来！如果，把这吐过蛔虫的证据提出来，医生一定不致遽断为盲肠炎，而开刀，而发炎，而致命！因为魏国光同学之死，我们必须提高"科学的警觉性"。以后遇病，必要拿出科学上铁一般的证据来，才不致有错误的诊断，而损害了身体。否则，都有追踪邹秉权、魏国光两同学之死的危险！所以提高科学的警觉性，是保卫生命的起码条件。最重要还是要用科学的卫生方法，好好的调节自己的身体，不使生病！科学能教我们好好的生活，生存！我们今后应该多提高科学的知能，向着科学努力，努力建立科学的健康堡垒，以保证我们大家的健康和生命。

（二）"饮食的调节与改进"。我这次去重庆，因事到南岸，会到杨耿光（杰）先生，杨先生是我们这一年来，经济助力最多最出力的一位热心赞助者。顺便谈到儿童和青年的营养问题，杨先生提到德国对于儿童和青年的营养问题，是无微不至的。德国有一位大学教授，对于自己儿子的营养，说过这样一段话："我为什么有这样好的身体，可以担任这样繁重的事情？就是我的父母把我从小起的营养就调节配备得好，所以身体建筑得像钢骨水泥做的一样。身体建筑最好的材料是牛肉，所以我决定每天要给我的儿子吃半斤牛肉，一直到二十五岁，就能够把他的身体建筑成为钢骨水泥做成的一样，可以和我一样担任繁重的大事了。"纳粹德国政府，对于全国儿童及青年身体健康的营养，是无微不至，我们今天关于营养的问题提到德国，并不是要像纳粹德国一样，把儿童和青年的身体培养得坚实强健，然后逼送他们到前线上去当侵略者的炮灰！但是这种注重新生一代的儿童和青年营养问题的办法，是值得注意的。苏联是社会主义的国家，对于儿童和青年的营养问题，也是无微不至的，所以它在一切建设上，在抵抗侵略上，到处都表现着活跃的民族青春的活力。其他许多国家政令中亦多注意到儿童和青年的营养问题。我们在今天提出营养问题来，就是为着现在和将来人人能够出任艰巨。悬此为的，以备改进我们的膳食，为国家民族而珍重着每一个人的身体的健康。

（三）"预防疲劳的休息"。"饱食终日，无所用心"，固然不对，但是过分的用功，过分的紧张劳苦工作，也于一个人身体的健康有妨害。妨害着脑力的贫弱，妨害着体力的匮乏，甚至于大病，不但耽误了学习和工作，而且减损及于全生命的期限！所以我在去年早已提出"预防疲劳的休息"问题，今天重新提出，希望大家时时提示警觉，预防疲劳，不致使身体过分疲劳。天天能在兴致勃勃中工作学习，健康必然在愉快中进步了。至于已经有人过分疲劳了，要快快作"恢复疲劳的休息"。适当的休息，是健身的主要秘诀之一，万不可忽略。忽略健康的人，就是等于在与自己的生命开玩笑。

（四）"用卫生教育代替医生"。卫生的首要在预防疾病。卫生教育就在于教人预防疾病，减少疾病。卫生教育做得好，虽不能说可以做到百分之百不生病的效果，但至少是可以减少百分之九十的病痛。其余在预防意料之外而发生的只有百分之十的病痛，可是已经是占着很少成分，足以见出卫生教育效力之大了。以现在学校的经济状况说来，是难以支出两三千块钱来请一个医生。我们的学校是穷学校，中国的村庄是穷村庄。我们学校是二百人，若以五口之家计算，是等于一个四十户人家的村庄。若以这个比例来计算，全中国约有一百万个村庄，每村需要请一个医生，便需要有一百万个医生。现在中国的人力和经济力都不允许这样做，不能够这样做，所以我们学校也就决定不这样做，决定不请医生。我们要以决心推进卫生教育的效力来代替医生，以保证健康的胜利。以卫生教育代替医生，在两月前，我已有信来学校，提出十几条具体事实来，希望照行，现在想来，还是不够，需要补充。待补充之后，提交校务会议商决进行。但是今天在此先提出来告诉大家，希望大家多多准备意见，贡献意见。在建立"科学的健康堡垒"上多尽一份力量，便是在卫生教育施行上多一份力量，卫生教育胜利上多一份保证。大家都成为建立"科学的健康堡垒"的主要的成员之一，健将之一，共同来保证"健康第一"的胜利。

第二问："我的学问有没有进步？"

其次，我们每天应该问的，是"自己的学问有没有进步？有，进步了多少？"为什么要这样问？因为"学问是一切前进的活力的源泉"。学问怎样能够进步？重要在有方法研究。现在我想到有五个字，可以帮助我们学问易于进步。哪五个字呢？

第一个，是"一"字。"一"是"专一"的"一"。荀子说："好一则博。"这句话是很有精义的。因为有了一个专一的问题做中心，从事研究，便可旁搜广引，自然而然的广博起来了。我看世界名人学者对于治学的解释，尚少如此精约的，治学必须"专一"的"一"，这是天经地义的了。"专一"在英文为Concentration，我们对于一件事物能够专心一意的研究下去，必然能够有一旦豁然贯通之时。所以我希望有能力研究的先生和同学，必须择定一个题目从事研究，即使是一个很小的问题，也可以研究出很深刻很渊博的大道理来。于人于己都可得到切实的益处，而且可能有大的贡献。

第二个，是"集"字。集是"搜集"的集。"集"照篆字的写法，是这样"集"，好像许多钩钩一样。我们研究学问有了中心题目，便要多多搜集材料。像"集"的篆写一样，用许多钩钩到处去钩，上下古今，左右中外的钩；前前后后，四面八方的钩，钩集在一起来，好细细研究。"集"字在英文为Collection，我们有了丰富的材料，便可以原原本本的彻头彻尾的来研究它一个明明白白，才能够真正理解这个问题的症结所在，才能够"迎刃而解"，才能够收得"水到渠成"的效力。所以我希望大家对于每一个问题，都必须多多搜集材料，以便精深的精益求精的研究。在研究上发生力量，在研究上加强创造力量，集体创造，共同创造，在创造上建立起我们事业的新生命，树立起我们事业的新生机，稳定我们事业的新基础。

第三个，是"钻"字。"钻"是钻进去的"钻"，就是深入的意思。"钻"是要费很大的力量，才能够"钻"得进去，深入到里面去，看得清清楚楚，取得了最宝贵的宝贝。做学问虽不能像钻东西那么钻，但是能够用最好的方法，也可以很快钻进去。我在×国，参观一个金矿，他们开采的机器，是运用大气的压力来发生动力的。我见到他们开采的速度，是比现代所称的"电化"的电力，还不知要增加若干倍咧。我们做学问也是一样，如果我们能够在学术气氛中的大气压力下，发生动力去钻，一定能够深入到里面去，探获学问的根源奥妙与诀窍，而必有很好的收获。"钻"字在英文为 Penetration，所以我希望大家对于一个问题拿定了，便要尽力向里面钻，钻出一大套道理来，使我们学术气氛有着飞跃的进步。

第四个，是"剖"字。"剖"是"解剖"的"剖"，就是"分析"的意思。有些材料钻进去还不够，必须解剖出来看它的真伪，是有用的还是有毒素的？以便取舍，清化运用。"剖"字在英文为 Analyzation，所以我希望大家对于每一个问题搜集得来的材料，除了钻进、深入之外，必须更加着意做一番解剖的工夫，分析入微，如同在解剖刀下，在显微镜下，看得明明白白，分析得清清楚楚，真的有用的没有毒素的就拿来运用；如果是假的有毒素的就舍去抛掉不用。如此，鉴别材料，慎选材料，自然因应适宜了。

第五个，是"韧"字。"韧"是坚韧，即是鲁迅先生所主张的"韧性战斗"的"韧"。做学问是一种长期的战斗工作，所以必须有韧性战斗的精神，才能够在长期战斗中，战胜许许多多困难，化除种种障碍，开辟出一条新的道路，走入新的境界。"韧"字在英文中尚难找得一个适当的字来翻译。勉强可以译为Toughness，所以我希望大家在做学问上，要用韧性战斗的精神，历久不衰，始终不懈的坚持下去，终可达到"柳暗花明又一村"的境界。

我想我们每一个人，能把"一""集""钻""剖""韧"五个字做到了，在做学问上一定有豁然贯通之日，于己于人于社会都有贡献。

生活是最好的教育

1939年7月，陶行知在重庆创办了育才学校，以现今合川区草街街道凤凰山上的古圣寺作为校址，主要"在于培养人才之幼苗，使得有特殊才能者的幼苗不致枯萎，而且能够发展"。创办伊始，育才学校就有着非常雄厚的师资力量，先后有一大批著名的专家、学者纷纷来校任教，创造了中国教育史上一段辉煌的历史。

第三问:"我的工作有没有进步?"

再次,我们每天要问,"自己担任的工作有没有进步?有,进步了多少?"为什么要这样问?因为工作的好坏影响我们的生活、学习都是很大的。我对于工作也提出几点意见,以供大家参考。

第一点最要紧的,是要"站岗位"。各人所负的责任不同,各人有各人的岗位,各人应该站在各人自己的岗位上,守牢自己的岗位,在本岗位上努力,把本岗位的职务做得好,这是尽责任的第一步。我最近在想,人人应该有"站岗位"的教育。站牢在自己的工作岗位上,教育自己知责任,明责任,负责任——教育着自己进步。

第二点最要紧的,是要"敏捷正确"。人常说,做事要"敏捷",这是对的。但我觉得做事只是做到敏捷还不够,敏捷是敏捷了,因敏捷而做错了怎么办?所以敏捷之下必须加上"正确"二字,工作敏捷而正确才有效力。一件工作在别人做起来需要四小时,你只要二小时三小时就做好了,而且做得很正确,这才算是工作的效力。工作怎样能够做得敏捷正确呢?这就要靠熟练与精细。粗心大意，是最易弄错弄坏事情的。做事要像做算术的演算草一样，要演得快演得正确。

第三点最要紧的，是要"做好为止"。有些人做事，有起头无煞尾，做东丢西，做西丢东，忙过不了，不是一事无成，就是半途而废。我们做事要按照计划，依限完成，就必须毅力坚持，一直到做好为止。

第四问："我的道德有没有进步？"

最后，我们每天要问的，是"自己的道德有没有进步？有，进步了多少？"为什么要这样问？因为道德是做人的根本。根本一坏，纵然使你有一些学问和本领，也无甚用处。否则，没有道德的人，学问和本领愈大，就能为非作恶愈大，所以我在不久以前，就提出"人格防"来，要我们大家"建筑人格长城"。建筑人格长城的基础，就是道德。现在分"公德"和"私德"两方面来说。

先说"公德"。一个集体能不能稳固，是否可以兴盛起来，就要看每一个集体的组成分子，能不能顾到公德，卫护公德，来衡量它。如果一个集体的组成分子，人人以公德为前提，注意着每一个行动，则这一个集体，必然是日益稳固，日益兴盛起来。否则，多数人只顾个人私利，不顾集体利益，则这个集体的基础必然动摇，并且一定是要衰败下去！要不然，就只有把这些不顾公德的分子清除出这个集体；这个集体才有转向新生机的希望。所以我们在每一个行动上，都要问一问是否妨碍了公德？是否有助于公德？妨碍公德的，没有做的即打定决心不做，已经开始做的，立刻停止不做。若是有助于公德的，大家齐心全力来助他成功。

再说"私德"。私德不讲究的人，每每就是成为妨害公德的人，所以一个人私德更是要紧，私德更是公德的根本。私德最重要的是"廉洁"。一切坏心术坏行为，都由不廉洁而起。所以我在讲"建筑人格长城"的时候，提到了杨震的"四知"，甘地的漏夜"还金"，华盛顿的勇敢承认错误和冯焕章先生所讲的平老静"还金镯"的故事，这些，都是我们大家私德上的好榜样。我们每一个人都可以效法这些榜样，把自己的私德建立起来，建筑起"人格长城"来。由私德的健全，而扩大公德的效用，来为集体谋利益，则我们的学校必然的到了四周年，是有一种高贵的品德成绩表现出来。

我今天所讲的"每天四问",提供大家作为进德修业的参考。如果灵活运用的行到做到,明年今日四周纪念的时候,必然可以见出每一个人身体健康上有着大的进步,学问进修上有着大的进步,工作效能上有着大的进步,道德品格上有着大的进步,显出"水到渠成"的进步,而有着大大的进步。

> 原文为《每天四问》,有删改
> 1942年7月20日在育才学校
> 三周年纪念晚会上的演讲词

民主教育

民主教育是教人做主人，做自己的主人，做国家的主人，做世界的主人。把林肯总统的话引申到教育方面来说：民主教育是民有、民治、民享之教育。说得通俗些：民主教育是人民的教育，人民办的教育，为人民自己的幸福而办的教育。现在把这样教育的内容和方法，扼要的提出几点，供给从事举办民主教育的朋友参考。

（一）教育为公以达到天下为公。全民教育以实现全民政治。积极方面，我们要求教育机会均等。对人说，无论男、女、老、少、贫、富、阶级、信仰；以地方说，无论远近城乡都应有同等机会享受教育之权利。消极方面，我们反对党化教育[①]，反对党有党办党享的教育，因为党

[①]"党化教育"是指"四·一二"政变后，以蒋介石为首的国民政府推行的文化教育的法西斯统治。

化教育是把国家的公器变做一党一派的工具。

（二）教人民肃清法西斯细菌，以实现真正的民主。

（三）启发觉悟性。教人民进行自觉的学习，遵守自觉的纪律，从事自觉的工作与奋斗。

（四）培养创造力，以实现创造的民主和民主的创造。解放眼睛，敲碎有色眼镜，教大家看事实。解放头脑，撕掉精神的裹头布，使大家想得通。解放双手，剪去指甲，摔掉无形的手套，使大家可以执行头脑的命令，动手向前开辟。解放嘴，使大家可以享受言论自由，摆龙门阵，谈天，谈心，谈出真理来。解放空间，把人民与小孩从文化鸟笼里解放出来，飞进大自然、大社会去寻觅丰富的食粮。解放时间，把人民与小孩从劳碌中解放出来，使大家有点空闲，想想问题，谈谈国事，看看书，干点于老百姓有益的事，还要有空玩玩，才算是有点做人的味道。有了这六大解放，创造力才可以尽量发挥出来。

（五）各尽所能；各学所需；各教所知；使大家各得其所。

（六）在民主的生活中学习民主。在争取民主的生活中学习争取民主。在创造民主的新中国的生活中学习创造

第二章 生活即教育

陶行知与夫人吴树琴。吴树琴,陶行知的第二任夫人。1915年生,安徽省休宁县人,考取了上海中法大学的药学专修科。1934年,她在上海认识了同乡陶行知,虽然两人年龄相差20余岁,但很谈得来。1939年12月31日,吴树琴与陶行知在重庆举行了简朴的婚礼。

民主的新中国。

（七）尽量采用简笔汉字、拉丁字母，双管齐下，以减少识字困难，使人民特别是边民易于接受教育。

（八）充分运用无线电及其他近代交通工具，以缩短距离，使边远地方之人民、小孩，可以加速的享受教育。

（九）民主教育应该是整个生活的教育。他应该要工以养生；学以明生；团以保生。他应该是健康、科学、艺术、劳动与民主织成之和谐的生活，即和谐的教育。

（十）承认中国是从农业文明开始渡到工业文明，经济是极端贫穷。我们必须发现穷办法，看重穷办法，运用穷办法，以办成丰富的教育。开始的时候，唯独这样办才能使绝大多数之劳苦大众及其小孩得以享受教育；否则只有少数少爷小姐享受教育，不能算是真正的民主教育。

原载1945年11月1日
《民主教育》第1期

社会大学运动

社会大学有两种：一是有形的社会大学；二是无形的社会大学。社会大学运动是要把有形的社会大学普及出去，并且要给无形的社会大学一个正式的承认，使每一个人都承认这无形的社会大学之存在，随时随地随事进行学习。

无形的社会大学，是只有社会而没有"大学"之名。它是以青天为顶，大地为底，二十八宿为围墙，人类都是同学，依"会的教人，不会的跟人学"之原则说来，人类都是先生，而且都是学生。新世界之创造，是我们的主要的功课。无形的社会大学，虽无社会大学之名，实实在在它是一个最伟大的大学，最自由的大学，最合乎穷人需要的大学。我们穷人一无所有，有则只有这样一个社会大学,这无形的社会大学既然是我们的,我们就应该承认它,认识它,把它当作我们自己的宝贝,运用它来教育我们自己,使自己和同伴近邻养成好学的习惯,活到老,学到老,进步到老。把这个意思打进每一个人的心里,是社会大学运动的第一个任务。

当黄齐生先生参加中华职业教育社的一个会议的时候,他在名单上列为第一名。有些青年干部不服气质问主席说,黄先生是那个大学毕业的?江问渔先生回答:"黄先生是社会大学毕业生。"大家才没有说话。江先生所说的社会大学,便是我所指的无形的社会大学。黄齐生先生既因这无形的社会大学而有所成就,让我们大家都紧紧的把握着这个大学来进行学习,追求真理,以为老百姓服务。

有形的社会大学是夜大学、早晨大学、函授大学、新闻大学、旅行大学、电播大学。

重庆开办的社会大学,是夜大学,纯粹由职业青年自动创办的。有些地方的职业青年,早晨要到九点钟才上工。早晨可以进行二三小时的学习,便可以开办早晨大学,以应这种青年之需要。

第二章 生活即教育

可能进夜大学、早晨大学的青年，依我估计中国足足有四百万人。每年高中毕业生有十一万人，能考取正式大学者只有一万多人，那么每年就是九万多人不得其门而入。人生从十六岁到四十岁，至少应该努力学习。这样算来便有二百一十六万人，除去死亡害病十六万，应有二百万高中毕业生，要求社会大学予以进修的机会。

图为重庆社会大学部分学生合影。1946年1月15日，重庆社会大学在管家巷28号正式开学，冯玉祥为董事长，陶行知任校长，李公朴任副校长兼教务长，分设政经、文学、新闻、教育四系。旨在为职业青年提供文化与专业知识，以人格教育为核心。社大招生两期，公开存在一年零一个半月。

此外还有大学一年级、二年级、三年级删下来，而不得不找工作养活自己的青年。还有受过大学四年级教育的人，而觉得时代已经变动需要再学习。还有大群的自学青年，倘使得到社会大学的便利，进步可能更为迅速。只要能听讲而又能记笔记，便有入学资格。这样估计起来，至少再加二百万人，因此，我估计中国全国有四百万职业青年需要社会大学帮助他们进修。我们应该在全国展开社会大学运动，在各大都市建立夜大学和早晨大学，来应济这广大的需要。正统大学能附设夜大学、早晨大学固然可以，但是单独设立尤有必要。它可以由职业青年、进步学者或热心社会人士分头或合力发起组织。一切要简而易行，不要让自己的幻想野心把办法弄得太困难，而阻碍了发展与普。普及与发展夜大学、早晨大学，是社会大学运动的第二个任务。

至于函授大学、电播大学，是要集中的办。旅行大学，包括海陆空三方面。新闻大学，是以好报为中心，辅以好杂志，并助以经常的座谈会。把这几种事业有效的办起来，是社会大学运动的第三个任务。

社会大学，无论有形的无形的，要有一个共同的大学之道。孔子的大学之道是，在明明德，在新民，在止于至善。现在时代不同了，我们提议修改几个字，成为：

"大学之道：在明民德，在亲民，在止于人民之幸福。"

社会大学之道，首先要明白人民的大德。人民的大德有四：（一）是觉悟。人民要觉悟中华民国是一个大公司，个个国民都是老板；男的是男老板，女的是女老板，大的是大老板，小孩是小老板。（二）是联合。做老板要有力量，力量从联合而来。不联合没有力量，凶恶的伙计是不会理睬我们的！所以要联合，四万万五千万人要联合起来做老板才行。（三）是解放。有了力量便需进行解放。我们要联合起来在进行解放的斗争中增长我们的力量。我们要学习争取六大解放：（1）头脑解放，（2）双手解放，（3）眼睛解放，（4）嘴解放，（5）空间解放，（6）时间解放。（四）是创造。解放出来的力量要好好的用，用在创造上，创造新自己，创造新中国，创造新世界。

社会大学之道，要亲近老百姓。我们认为亲民的道理，比新民的道理来得切。我们要钻进老百姓的队伍里去和老百姓亲近，变成老百姓的亲人，并且要做到老百姓承认我们的确是他们的亲人。

　　社会大学之道，是要为人民造幸福。一切的学问，都要努力向着人民的幸福瞄准。所谓人民的幸福，用老百姓自己的话说便是福禄寿喜。照着人民所愿望的福禄寿喜四大幸福进行，我们的学习才于人民有益，才配称为社会大学。也只有社会大学与人民幸福打成一片，而后社会大学运动才为人人应该参加的富有意义的大运动。

原载1946年7月16日
《教师生活》第6期

领导者再教育

平常人对于教育有一种不够正确的了解，以为只有成人教育小孩，上司教育下属，老板教育徒弟，知识分子教育文盲。其实，反过来的教育的行动影响作用，不但是可能，而且是普遍习见的现象，不过很少的人承认它罢了；至于承认它而又能运用它来互相教育，使学问交流起来，以丰富彼此之经验，纠正彼此之看法，推动彼此之进步，那是更少了。但是，一个民主的国家，实在是要看重这种互相教育之现象，并扩大学问交流的效果，加速度的走向共同创造之大道。

中国人受了二千年之专制政治之压迫，几乎每个人一当了权便会仗权凌人。好像受了婆婆压迫的媳妇，一旦自己做了婆婆便会更加压迫她的媳妇。在中国几乎每一个有权的人是一个独裁。有大权的是大独裁，有小权的是小独裁。自主席以至于保甲长都免不了有独裁的作风。就是我这个区区的校长，也不是例外，常常不知不觉的独断独行，违反了民主的精神。一经别人提醒，才豁然大悟。在一个民主国家里面，做一个独裁校长是千不该、万不该的事情。但江山易改，本性难移，过不了多少时候，病又复发了。那只有再接再厉的多方想法以克服这与民主精神不相容的作风。

民主的时候已经来到。民主是一种新的生活方式。我们对于民主的生活还不习惯。但春天已来，我们必须脱去棉衣，穿上春装。我们必须在民主的新生活中学习民主。不但老百姓要学习民主，大大小小的领袖们都得学习民主。领袖们是已经毕过业了，还要学习吗？不错，还要学习，只有进了棺材才不要学习。他们虽然有些学问，但是他们从来没有学过民主，所以还要学习，还要学习民主。他们虽然受过教育，但是没有受过民主教育，所以还要再受教育，再受民主教育，把受过不合民主的教育从生活中肃清掉。

这种再教育应该怎样进行呢？

第一，自己觉得需要再教育。自己觉得既往的习惯不足以应付民主的要求。自己承认在民主的社会里做领袖和在专制的社会里做领袖是有了根本之不同，那么在本人的生活上也必须起根本的变化才能适应客观之变化。从前白健生先生有一次和我闲谈"以不变应万变"的道理。我提议在不字下面加一横，意思是"以丕变应万变"，丕变即是大变，我们要在生活上起大的变化才能应付民主政治所起的大变化。民主政治所起的变化是很大的。例如承认个人之尊严，便不能随便侵犯别人的基本自由；采用协商批评之方法便须放弃"我即是""朕即真理"；要使人了解你，同时又要使你了解人，便须放弃"民可使由之，不可使知之"，又必须虚心下问，集思广益；实行共同创造，便须放弃少数人包办之倾向。我们若深刻的感觉到旧习惯不足以应付这种大变化，而又不愿被淘汰，那就一定觉得有再受教育之必要了。

第二，多方学习。自己既已感觉到有再受教育之必要，那就好办了。地位无论大小，只要对于民主的生活感觉到如饥似渴之需要，那不啻是走了一半的路程了。学习方法虽多，总靠自己虚心。随时随地愿听逆耳之言，和颜

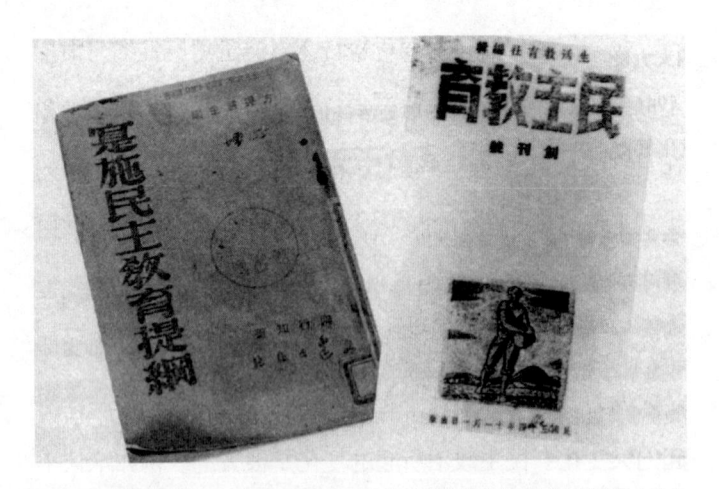

《民主教育》刊影。1945年11月1日,《战时教育》改名《民主教育》,仍由陶行知主持,生活教育社负责编辑,生活书店总经销,在创刊号上陶行知发表了《民主》《民主教育》两文,主张:"民主教育是教人做主人,做自己的主人,做国家的主人,做世界的主人……民主教育是人民的教育,人民办的教育,为人民自己的幸福而办的教育。"

悦色地欢迎干部和别人的批评,有事先商量而后行都很重要。民主先贤的传记著作如林肯、哲斐孙、汤佩恩的都能给我们有力的指示。国外民主国之游历,国内民主政治比较进步的地方的参观都能帮助我们进步。但是最重要的是在"做"上学,在实行民主上,在发挥民主作用上,学习民主。

第三，我们最伟大的老师。我们最伟大的老师是老百姓，我们最要紧的是跟老百姓学习。我们要叫老百姓教导我们如何为他们服务。我们要钻进老百姓的队伍里去和老百姓共患难，彻底知道老百姓所要除的是什么痛苦，所要造的是什么幸福。

我前些日子写的一首小诗，可供领导人自我再教育之参考：

> 民之所好好之，
> 民之所恶恶之。
> 为人民领导者，
> 拜人民为老师。

领导者再教育之三部曲是：第一部跟老百姓学习；第二部教老百姓进步；第三部引导老百姓共同创造。也只有肯跟老百姓学习的人，才能做老百姓的真正领导者。

原载1946年3月
《民主星期刊》第24期

> 你的足站在什么地方，
> 我的足亦站在什么地方。

第三章

平等与自由

平等与自由

中山先生解释平等意义，有很大的贡献。他说，世界上有真平等、假平等、不平等。什么是不平等？帝、王、公、侯、伯、子、男、民的地位是一步一步的高上去。我的脚站在你的头上，你的脚又站在他的头上。这是叫做不平等，现在要打倒这种不平等，那是应当的。但是打倒不平等的人，往往要把大家的头一齐压得一样平，变成平头的平等。殊不知头上虽平，立足点却是不能平了。好像拿可以长五尺长的树，三尺长的树，一丈长的树，一齐压得一样高，一齐压得一样平，岂不是大错吗？这种叫做假平等。真平等是要大家的立脚点平等，你的脚站在什么地方，我的脚亦站在什么地方。大家在政治上站得一样平，经济上也要站得一样平。这是大家的立脚点平等，这才是真平等。

中山先生之解自由，没有他解释平等那样清楚。但他有一点说得很好，他说："中国人不是不知道自由；中国人的自由，实在是太过了。"所以他不用自由做口号，而用民族、民权、民生做标帜，与梁任公先生的维新，以自由为口号，是完全不相同的。外国人说："中国人不知自由。"然而外国人那里知道他们的自由，远不如中国呢！

《平民千字课》书影。由陶行知与朱经农共同编写，于1923年出版，是一套用于推行平民教育的教材。宗旨有三：一、培养人生与共和国民必不可少的精神和态度。二、训练处理家常信札账目和别的应用文字的能力。三、培养继续看书读报和领略优良教育的基本能力。是为我国普及教育的先声。

第三章 平等与自由

按中山先生的意思，说到自由，是要求国家之自由。国民革命成功之后，团体能自由，个人不能自由。中国之所以弄到这个地步，就是因为大家私人的自由太过，不注重国家之自由。私人的自由既然太过，则各人有各人的主张，所以中国人大多数是无政府党。我们中国人骨髓里都含有无政府主义。这种无政府主义的倾向，往往在不知不觉中流露出来。……我们想到国家危险时，固然是要自抑私人之自由，但在不知不觉中，难免不爱享过分之自由。我们于不知不觉中，都有无政府主义的倾向。现在我们要救中国，亟当抑制个人之自由，切不能火上加油地提倡一盘散沙的自由了。这是革命未成时所不得不采之政策。

但是，革命成功以后个人可以不要自由这句话，我很怀疑。因此我常想着什么地方要自由，什么地方不要自由。我又想到种山芋时所得的感想。我问邵德馨先生山芋如何种法，他告诉我说："底下可以安根，上面可以出头，山芋乃可活。"因此，我忽然悟到人生"出头处要自由"。如树木有长五尺长的，一丈长的，十丈长的；树的出头处是要自由的。如果我们现在只许树可以长五尺，不许他长一丈与十丈，那世界上不是无成材了吗？因此我们要使它尽它的力量自由长上去。我们人类的智、愚、贤、不肖，也如树木有能长十丈长的，有能长五尺长的，这是天生成的。如果你嫌五尺太矮，要把它拔到一丈，它因为力量的不足，是要死的；如果你嫌一丈太高，要把它压到五尺，它因为受了过分的压制，也是要死的。倘若不死，必是它的内力胜过压力，那压力必定是要被撞穿了的。

个人如此，团体、国家之自由解释也是如此。如果国家的力量能够进步到什么程度，就尽它的力量进步到什么程度，谁也不能压迫的。如今中国受列强压迫，不许我国尽量出头。我们不愿被压力压死，就得使劲把压力撞破。个人能否得到出头的自由，是在乎个人之反抗与努力；国家能否得到出头的自由，那就非靠民众之努力与奋斗不可了！

近来我替友人书了一联，联道："在立脚点谋平等，于出头处求自由。"上联是本着中山先生之学说，下联就是本着我的自由解释。在沪时，我把这意思与胡适之先生也谈论过的。他说："思想、事业，要在困难与不自由的时候，才能奋发振作。"颇与我们的标语"教师应当运用困难以发展思想及奋斗精神"相同。他用烧肉来比，他说:"烧肉要把锅盖盖得紧,才能熟。你要出头自由,我要出头不自由。"当时我反驳他说:"(一)锅里的肉,是死的,出头不出头没有多大关系。(二)我们愿肉受压力是为肉的幸福呢?还是为我们口腹之欲呢?"凭借困难,培养人才,当然是最好的教育法。但是困难是否要在出头处压下去,是一问题。现在我仍旧坚信出头处要自由,但为使诸位同学明了各方面意见,并将胡适之先生的意思举出来,希望大家加以研究。

本篇原为演讲词,有删改
原载1927年9月1日
《乡教丛讯》第1卷第17册

政治家与政客

昨天有一位同学对我说,他虽是终身要办乡村教育,但是若有机会,他很愿意干一度政客生活,以谋乡村教育之发展,如做县知事一类之职务。我说:"我愿你做政治家,不愿你做政客。"其实他的本意是愿做政治家,不是愿意做政客的,因此我们就把政治家和政客的分别详细的讨论了一番。我觉得这个问题是很重要的,所以要拿他来和大家谈谈。政治家的存心只是一个诚字,一伪就变为政客了。政治家的动机是为公众谋幸福的,有所私就变成政客了。政治家的进退以是非为依据,若随利害转移,就变为政客了。政治家的目光注射在久远,若贪近功,就变为政客了。政治家为目的而择手段,政客只管达他的目的而不择手段。政治家是"富贵不能淫,贫贱不能移,威武不能屈";政客就不然,他的主张,随富贵而变,随贫贱而变,随威武而变。孔子说:"政者正也。"政治家以"正"为家;政客是"正"之客,自外于正的人。政客只怕天下不乱,政治家一心只求天下之治平。政治家与政客起初之相差只在念头之一转,但是到了表现出来,简直有白的黑的一样的分明。我愿大家做一村的政治家,不愿大家做一村的政客。我们勉励吧!

原载1927年11月1日
《乡教丛讯》第1卷第21期

文化解放

一、什么是文化

文化是什么？初看起来是一个很容易答复的问题，但是仔细想一下，却有些困难。我们看到一本书，大家都可以承认它是属于文化方面的东西，但是遇着一把"石斧"的时候，我们的意见就要分歧了。有的人承认它是古代文化的遗产；有的人就不免要把它划进别的部门里面去。如果我们承认它是文化的遗产，那么一切生产工具都可以包括在文化的范围里面去了。石斧既是属于文化，那么，锄头，乃至机器都可以算为文化了。这样一来，文化范围可就广大了。除了大自然之外，凡是人类所创造的一切都是文化了。凡是可以用来生产、战斗、交通、享乐、治理、思想的工具以及这些工具所引起的变化都可以当作文化看待了。这是一个顶宽的看法，也是一种顶简单的看法。照这样看法，文化是与大自然相对起来。世界上的一切可以分成两大类：一类是没有加上人工的，叫做自然；另一类是人工所创造的，叫做文化。但是在这个广大的定义之下，研究讨论的工作是不易进行。因此我们要从这广大的事物里抽出一部分来，特别叫它为"文化"。这部分便是记录思想、传达思想、发展思想、改变思想的符号、工具和行动。照这样看法，在文化里面是包含了书籍、报纸、戏剧、电影、学校教育、社会教育、民众运动、高深学术研究等等。在本质方面看，文化工作是反映着人类经济政治的思想。这个定义是与一般人普通所想的接近。

二、对谁解放

大众是文化的创造者。最初连语言文字都是从劳动中产生出来的。从哼呀哼呀的呼声里发现了语言，这是不可否认的事实。在树皮上画游猎的路线是文字起源之一。石斧、石刀、种地、造房子不是什么圣人发明的，乃是许多劳苦大众一点一点的积起来的贡献。近代工人对于发明上千千万万的贡献都给科学家偷了去写在自己的账上。文化是大众所创造的。文化是被小众所独占。现在应该将文化从小众的手里解放出来。创造文化的大众应该享受创造的结果。文化是无疑的要对大众解放，使整个文化成为大众的文化。现在的文化解放运动可以说是大众文化运动。

三、认识上的解放

文化有什么功用，我们必得把它认识清楚，才能谈它的解放。有些人把文化当作装饰品看待，以为大众用不着这个东西。我承认现在所谓"文化"当中有一部分是好比金刚钻戒指。但是有一部分是思想斗争的武器，这武器必定要解放出来，给大众抓住，然后民族大众的解放才有很快的发展。其次，有些人以为大众文化是要等到大众政治实现以后才有可能。我承认大众文化的普及是要等到整个政治变成大众的政治。但是，大众的政治决不是凭空从天上掉下来的，它是要靠着大众继续不断的奋斗才能实现。这奋斗是要运用文化的武器以转变大众的思想才能保证胜利。另外，特别从事文化工作的人，太夸大文化的工作者或把文化看作一个孤立的东西。他们相信文化万能，或者是为文化而文化。这样会叫文化工作脱离了现实而变成一个没有作用的东西。殊不知文化所要记录、传达、发展、改变的思想乃是人类生活中心的思想，即是政治经济的思想。文化脱离了政治经济便成了不可思议。我们认识了文化是政治经济斗争的武器就没有这个毛病了。最后，还有一种人以为文化的工作是纯粹的头脑工作。他们把它看成一个静的东西，可以静坐而得，静坐而传。他们忽略了行动与思想的关系。他们没有认识文化运动作用。我们如果认识文化是民族大众解放的斗争的武器，这个静止文化的错解也就消灭了。我们对于文化的功用至少要有这点认识然后才能把它从错误歪曲的观念里解放出来。也唯有把文化从错误歪曲的观念里解放出来，文化才能发生真正的作用。

四、工具的解放

中国的思想符号主要的是汉字。读书人要花一两千块钱，学它十年二十年，才可以读点古书。平常的人花它百把块钱一两年只是一撇一直的像稻草一样吃到肚里去不能消化，俗语叫做不通，读书没有读通。这难写难认的汉字只好留给那少数有钱有闲的少爷小姐去学，无钱无闲的大众和苦孩子必得另找出路。这出路就是近年提倡的易写易认的新文字。大众只须一个月每天费一小时就会写新文字的信，看新文字的报，读新文字的书，那是多么便利啊！大众文字的解放是大众文化的解放的钥匙。

五、方法的解放

　　传达文化之方法，依我看来，有三点最要解放。第一点，灌注的教授法最要不得。他把接受文化的人当作天津鸭儿填。民族大众解放运动最需要的不是灌注的演讲而是对于时事之讨论。这种相互之自由讨论，如果有前进书籍杂志作参考最能启发人的思想。学生和大众应该普遍的从灌注的教授法里解放出来，跑到这种自由讨论的空场上呼吸些新鲜空气，晒一晒太阳光。第二点，是知识封锁也要不得。从前的观念是学问自己受用，学校变成守知奴的制

第三章 平等与自由

民国女学生照。

造厂。我们应该把自己从这知识私有卑鄙习惯里解放出来，我们对于真理应该即知即传，不肯教人的人不配受教育。从前写文章的人，是写得愈深愈觉很得意。现在呢，连白话文都得解放成大众文，使得大众易于了解。这的确对于传播文化是有很大的作用。觉悟的知识分子都得把自己的作风解放出来使很大众易懂。第三点，要不得的是教而不做，学而不做。我们要在行动上来推进大众文化。我们要从静的方法解放出来，使大众加入真理的行动以追求行动的真理。

六、组织上的解放

文化的组织是被小众捏得死死的。学校里的训育管理变成官僚化。学生只是被治而失去了自治。我们要把文化从模范监牢里解放出来，使它跑进大社会里去。社会即学校。文化的场所多着哩。茶馆、酒楼、戏院、破庙、茅棚、灶披、晒台，甚至于茅厕，在今日都成了大众的课堂。整个民族解放运动成了大众的课程。平常的课程如果是和民族解放运动配合起来，就不得不起质的变化。例如算学吧,那是看作一门纯粹的学科,然而把整个中国失掉的领土富源算一算,便立刻从平常的课程跳入非常的课程里面来了。在新的组织里,教师、学生和大众是站在一条民族自救的大路上,从前教师与学生间、学生与大众间的围墙都要打通,这样大众的文化才能充分传达、发展。

七、时间的解放

有些传统的学校,名为认真,实际是再坏无比。他们把无所谓的功课排得满满的,把时间挤得滴水不漏,使得学生对于民族前途和别的大问题一点也不能想,并且周考、月考、学期考、毕业考、会考弄得大家忙个不了,再也没有一点空闲去传达文化唤起大众。说得不客气些,这就是汉奸教育、奴化教育、亡国教育。另一方面,大众一天做十二小时工,甚至于有的要做十六小时的工。他们是没有空闲接受文化。时间是文化战的最大关键。我们必须争取时间来推进大众文化。时间解放是大众文化解放的焦点。

八、新文化创造的解放

新文化之创造是社会进步之特征，同时，也是帮助社会更进一步的一种推动力。新兴的文化多少总是于大众有益的文化。所以新文化的创造是受着前进者之欢呼，同时是遭着落伍者之妒忌。前进的书籍、杂志、戏剧、电影，种种是在热烈的欢迎里遇着最惨酷的虐待。明明是一套最好的电影，他会给你东剪一条，西剪一条，剪得使你失去了原来的生命。好比人家生了一个小孩，假如管户口册的人要批评你这孩子那里生得对，那里生得不对，你一定是要觉得他做得太过分了；又假如他不但是随嘴乱说，并且手里还拿了一把剪子，看到孩子耳朵长得太长，便毫不客气的剪掉一点，看到孩子鼻子长得太高又毫不客气的剪掉一点，你该觉得这是个什么人啊！你能忍心的坐在旁边让他剪吗？这样的刽子手是等在文化界的门口，一看见新的作品出来就给他几剪。从这把剪子的虎口里把新文化解放出来，是整个文化界不可推诿的责任。

九、怎样取得文化解放

中国从前有一样东西叫做裹脚布，把姑娘的脚紧紧的裹，裹得肉烂骨头断，裹成一只三寸金莲，好嫁一个好人家。我想和这裹脚布相配的还有一样东西，叫做裹头布。把中国的小孩、青年、大众的头脑壳，紧紧的裹，裹得呆头呆脑，裹成一个三寸金头，好做一个文化奴隶。这裹头布便是加在大众头上的一切文化的压迫。不愿做文化奴隶的人联合起来，争取大众文化之解放！前进的知识分子在推进大众文化上固然能起重要的作用，但是大众文化运动决不能由少数知识分子代办。大众文化是大众的文化，是大众为自己推动的文化，是大众为自己谋幸福除痛苦而推动的文化。大众文化的解放是要大众运用集体的力量来争取的。它决不是小众可以送来的礼物。并且民族解放、大众解放、文化解放是一个分不开的运动。必得要联起来看，联起来想，联起来干，才会看得清楚，想得透彻，干得成功。

原载1936年6月14日
《生活日报·星期增刊》第1卷第2期

聊聊民众运动

从救火说起

哪儿来烟！让我去看一看。啊呀！不好了！楼上遍红！失火！快来救啊！接着就是锣儿哐哐哐的敲。洋油箱儿嘭嘭的打。于是老婆喊丈夫，奶奶喊孙儿，哥哥喊弟弟，大家都从梦中惊醒起来。起来做什么？起来救火。起来看火。起来凑火打劫。这样，本屋里的人起来，邻居起来，邻居的邻居起来，急公好义的勇士起来，以救火为职业的人起来，靠凑火打劫吃饭的人也起来，来它一个救火运动。有的拿被压火，有的喷水浇火，有的上屋拆墙，有的下塘挑水，有的冒火搬东西，有的拼命救小孩。这救火是成了一个运动。这个救火运动要把火救熄了或者是房子都烧了才会罢休。烧一座，救一座；烧一天，救一天。火儿如不停止，这救火的工作是决不会停止的。它不会因为死伤了几个救火的人而停止。它不会因为有人想凑火打劫而停止。它不会因为放火的人的故意阻止而停止。只要火儿仍旧在那儿烧，房子还有一两间可救，救火的人是不会懈怠的，不会睡觉的。

救火之所以多少成为一个运动，分析起来，有下列几点是我们应该注意的。一是有一个灾难之来临。二是这个灾难是会影响到好些人之生命财产。三是先有少数人发现了这个灾难而大吹大擂的告诉了大家。四是有共同利益的人觉悟了联合起来拼命奋斗。

说到民众运动之发生

这个救火运动之分析恰好说明民众运动之发生。一个民众运动起来必定是因为遇着一个共同的灾难，或者是受着一个共同的压迫，或是感着一个共同的迫切的需要。首先发现这灾难、压迫、需要的必是少数人。但是这少数人决不能凭空制造一个民众运动。他只是发现，但必须先有真正的灾难、压迫、需要，他才能把它们发现，他不能无中生有。他把他所发现的去告诉人家也要有真凭实据，否则专门造谣，人家也有眼睛，不会老是受他骗。比如有人放谣言说是某处失火，救火的人到了一看，并无其事，自然是一哄而散，哪能成为运动？所以一个民众运动决不是少数人的意见所能造得起来。他的发现是完全由于客观的事实。少数人只发现这事实而忠实的把这事实报告出去。等到一传十、十传百、百传千、千传万，凡是有共同利害的人都觉悟起来，联合起来，这才成了一个民众运动。这种民众运动，就不是少数人的主观意见所压得下去。我们的"五四"运动、"五卅"运动、十二月运动都是这样发生起来的。

真正的民众运动

真正的民众运动是从一个共同的灾难发生出来，从一个共同的压迫发生出来，从一个共同的迫切的需要发生出来。它出来的目的就是要克服这种灾难，推翻这个压迫，满足这个迫切的需要。民众自己的命运受到威胁，他应该知道这威胁是从哪儿来的,如何把它消灭掉。他所急需的是觉悟,为着要充分觉悟,普遍觉悟,他马上就要有交换意见之自由,即言论之自由。民众一觉悟这个灾难压迫和需要,他马上就要有奋斗自由。为着要使奋斗有效,他马上就要有组织自由。一个真正的民众运动必是自发的。它决定自己的方针、计划、策略以及同它的敌人抗战。参加真正民众运动的每一个分子都是自愿的、高兴的、拼命的,整个运动所表现的是生命,是力量。

……

原载1936年6月21日
《生活日报·星期日增刊》第1卷第3号,有删改

值得我们学习的一件事

本月二十日利他聚餐会开会时，张雪岩先生报告了一位美国小孩向罗斯福总统请愿的事。在场的人，听了都受感动。散会时，我向张先生要原文，志在获得正确的材料，乘儿童佳节向中国的长官、家长、教师和小朋友报告，并希望大家改变作风，真正为小朋友做点有益的事。多谢张先生，他今天竟从美国大使馆文化专员Fairgank夫人那里得了一本杨庆堃先生所著留美手册 *Meet the USA* 来送我。我在这本好书里，找着了这封信和这事的经过，先让我把这信的内容翻译出来：

亲爱的罗斯福总统：

我的姓名叫做革尔克里司梯安 Ann Gilreast。十岁，在六年级上学。因为你是美国的总统和元首，我恳切地希望你把西班牙小狗平平价。我们渴望得到一只，但是照现在这样的价钱，我们不可能花这样多的钱去买。你是否预备平价，请你给我一封回信。我的父亲是在海军里服务，现驻在非洲。因此你可以想见在寒冷的冬夜我们是多么需要这样一个伴侣。倘蒙你平价，至为感谢。

安

附注 请不要忘记回我一封信，并且要告诉我你是否对西班牙小狗预备平价。

安小姐是麻省的一位幼女。这封信是一九四四年二月写的。罗总统接信后即交与物价管理局（OPA）处理。这时恰巧有一位公务员要离开华盛顿，正预备要出卖这样的小狗。物价管理局即刻执行。安小姐免费而得着她所要的小犬。

著者说："安小姐虽然没有读过宪法，但是她知道政府之存在，是为了她的幸福，并且是为了执行人民的公意。"

不久，三十五年的儿童节又到了，中华民国的官吏、教师、家长及一切与小孩子接触的人都应该反省再反省：最少要承认小孩的四大自由[①]，包括告诉的自由、言论的自由，并且要承认自己有倾听的义务——把耳朵低低地倾下来听取小孩子的意见的义务。不但如此，大家还要跟罗斯福和他的官吏学习，承认政府的职务不是对小孩和老百姓摆威风，而是要为小孩和老百姓谋幸福。

原载1946年4月1日
《民主教育》第6期

[①] "四大自由"是指罗斯福在二战时提倡的"四大自由"，即言论和表达自由、宗教信仰自由、免于匮乏的自由和免于恐惧的自由。

儿童相见不相识，
笑问客从何处来。

第四章

过一点
甜蜜的生活

预备钢头碰铁钉

——致吴立邦

立邦小朋友：

接读你的好信，如同吃甘蔗一样，越吃越有味。

世上有十八岁的老翁，八十岁的青年。要想一世到老都有青年的精神，就须时常与青年人往来，所以我很愿意和青年人通信，尤其欢喜和小孩子通信。平时得了小孩子一封信，如得奇宝；看过了即刻就写回信；回了信就把他好好的收藏起来。每逢疲倦的时候，又把它打开一读，精神就立刻加增十倍。小朋友的信啊，你是我精神的泉源！

国家是大家的。爱国是个个人的本分。顾亭林先生说得好："天下兴亡，匹夫有责。"我觉得凡是脚站中国土地，嘴吃中国五谷，身穿中国衣服的，无论男女老少，都应当爱中国。不过各人所处地位不同，爱国的方法也不能尽同。小孩们用心读书，用力体操，学做好人，就是爱国。今天多做一分学问，多养一分元气，将来就能为国家多做一分事业，多尽一分责任。你说等到年纪长大点也要服务社会，这是很好的志尚。社会的范围很不一定，大而言之就是天下；小一点就是国家；再小就是一省、一县、一村；再小就是我们自己的家庭。大凡服务社会，要"远处着眼，近处着手"。学生在学习服务社会的时候，就可以从自己的家里学起、做起。一面学，一面做；一面做，一面学。我们在家里服务的事也很多，把不识字的家庭化为识字的家庭，就是这许多事当中的一种。府上既住在学校左近，这就是你自己家里试办平民教育的机会。家庭里的平民教育适用连环教学法，你可请教令亲鸣岐先生。家里办好了，再推广到左右邻居，这事就是治国平天下的入手办法。

你信上说到贵处的老太婆们如何顽固，如何不易开通，这也是自然的现象。我们在社会上做事就要预备碰钉子。我在这几个月当中，也碰了四五个钉子。碰钉子的时候有两个法子解决：第一是硬起头皮来碰，假使钉是铁做的，我们的头皮就要硬到钢一样，叫铁钉一碰到钢做头皮上就弯了起来；第二是要把我们的热心架起火来，把钉子烧化掉。我们只怕心不热，不怕钉子厉害，你看如何？

你说，隆阜平民学校有个六十九岁的老太太也报名了。这是我们平民教育的大老了。陈鹤琴先生的老太太现在六十五岁，也读《千字课》。安徽教育厅里，夫役读《千字课》的也有二位六十五岁的老翁，我亲自教了他们两课。晏阳初先生说他最老的学生是六十七岁。所以隆阜那位老太太是我们平民教育最老的学生。请你把她的姓名告诉我。我要叫天下人都晓得这件事，好叫那些年富力强的人都发奋起来。再请你代我向这位老太太表示敬意。从前中国有七十岁的老状元，现在有七十岁的老学生，老识字国民，岂不是一件最可庆贺的事吗？如果你能时常的去帮助这位老太太学习，那就更加好了。你说徽州没有好的男学校，所以暂在隆阜读书。歙县第三中学办得不错，教员皆是有学问有经验的，明年可以试试看。

承你的好意，叫我回徽州来帮助大家提倡平民教育。这句话触动了我无限的感慨。我已经离开家乡十三年，恰好和你的年岁相等。每次读渊明公的《归去来辞》，就想回来走一趟，但是总没有工夫。因为来往要一个月，我是个很忙的人，怎么可以做的到呢？今年夏天，南京来了四个飞机，我就想借用一架飞回徽州，半天可以来往。管飞机的人说徽州平地少，不易下来，只好将来再谈。现在休宁金猷澍慰侬先生制造一种浅水艇，如果办得成功，从杭州到屯溪只要十八个钟头。我现在一面学游水，一面等金慰侬先生的计划成功。我想我不久总要回来看看我的亲戚朋友，特别要看的是小朋友。不过小朋友们看见我怕要像下面两句诗所说的景况："儿童相见不相识，笑问客从何处来。"

现在已经夜深了，后来再谈。

敬祝

康健。

知行
十三、一、五，在联和船上写的

寿六旬慈母

——致陶文渼

文渼吾妹：

九月二十三夜的信收到了，读着令人乐而忘忧。关于母亲寿辰一层，您所陈述意见，十分圆满，我完全赞成。你说寿辰是自家亲人的大志喜，这句话初看很平常，骨子里最有精彩。我反复涵泳，而后领会此中意味之深厚。志喜之法，您说是要做母亲喜欢的事情。这是喜上加喜，我们能照这样做去，才算是真的做寿。今人做寿又只限于一两日之热闹，您却要时时常常的为母亲做寿，所以说："总期母亲今后时时刻刻多得新快乐。"这三层意思可当作做寿的金科玉律看，请大家就照这话进行，我当然是遵办的。我为事业所拘，不能常侍膝下，母亲一切起居、饮食、娱乐只得付托吾妹、纯宜及四个蟠桃好好侍奉。我虽在千里之外而无内顾之忧,已立志要乘母亲六秩荣庆之年,为国家教育创一不可磨灭之事业,以作吾母寿人寿世之纪念。

秋节后两天,收到母亲饲蜜桃绿豆图,看着不愿放手,真是好一幅天伦大乐图啊!我要想把母亲爱蜜桃的心,本着"幼吾幼以及人之幼"的精神,推而远之,使凡如蜜桃的都能得蜜桃之爱护,享蜜桃之幸福。小孩子从能走路、能说话的时候起到进小学正是最可爱、最要教导的

陶行知之妹陶文渼。陶文渼(1895—1929),"文渼"二字取"渼受终南诸谷之水"句意。1929年1月,晓庄学校成立乡村妇女工学处,聘陶文渼为指导员,招收乡村青年妇女于农暇时上课。

时期。爱护幼儿的人创设幼稚园,就是要培养四五岁的小孩子,使他们的生活可以丰富。但是国内一般幼稚园有几种流弊:第一,他们仿效外国,不合国情;第二,他们灌输宗教,制造成见;第三,他们费钱太多,非有钱的地方不能办;第四,他们学费太重,非富贵的子弟不能进。有了这几种流弊,所以不易推行。吾国以农立国,人民百人中有八十多个住在乡村里。要想把幼稚教育推广,必须把这些流弊除得干干净净,使他们可以下乡,然后才能收普遍的效果。照现在情形,幼稚园下乡好比是骆驼穿针眼。所以我想打破外国的、成见的、费钱的、富贵的幼稚园,而要创造一个省钱的、合理的、平民的、适于国情的幼稚园,使他可以下乡去为农民子弟谋幸福。此事已经筹有头绪。开办费由江苏省长陈陶遗先生拨。经常费由改进社及明陵小学担任。地点已外定燕子矶。主事已请定陆慎如女士。现在就要兴工建筑,明春即可开办。奉上宣言书一纸,原理办法都可一目了然。我深信,此举可为幼儿教育开一新纪元。且等到建筑完工,筹备就绪,办法有了把握,就要进一步谋普遍推广之法。那时已有具体成绩供人观摩,自能得到相当信用。预备借重吾母寿期,为全国幼儿教育募集百年基金。平日与我发生关系的当在万人以上，拟与诸同志共成盛举。

母亲前不以公开做寿为然，为子女者应当体贴她的意思。一，父亲已经去世，单独做寿要引起无限悲感。二，亲友应酬，杀生必多，母亲不愿为其生日杀生，宅心至为仁厚。这两层意思，都是我们亲自晓得的，断不能违背。但为全国幼儿教育募集百年基金，使一切寿礼尽归训练幼儿师资及开设模范乡村幼稚园之用，事为善举，似属可行。尚望代为委婉请示。我拟于寿辰前四五日进京。近来身体精神都好，请全家放心。母亲、纯妻、大桃、小桃、三桃、蜜桃请代报平安。

敬祝

康乐。

知行

十五年十月五日

谈结婚

　　大家都说，结婚是终身大事。最有趣的是，高唱终身大事的人却把结婚当作戏儿做。老法子结婚是做戏。新法子结婚还是做戏。新郎新娘都装成戏子模样，认真的做——做戏给人看。老戏中最好看的一幕，恐怕要算"新娘哭"。在皆大欢喜的时候哭，懂了事的孩子们是不懂，他要看个明白，是真哭还是假哭。新戏中最耐人寻味的一幕是证婚。一次，有一个顽皮的青年对证婚人问了一个问题："你能证明他们是到了今天才结婚的吗？"谁能答复这个问题啊！但是，我们也不必过于认真，结婚既是做戏，证婚就是戏中之一幕，证婚人也只是许多配角中之一个角色。他不是来会考，似乎是没有答复这问题之义务。

　　有钱有闲的人尽管去做戏给人看好了，用不着我们烦心。我所担忧的是穷光蛋拼命跟着富人学。农村破产到这个地步，农人为了这件所谓终身大事还是在那儿借恶债做戏给人看咧。

    结婚给人看，
    无钱怎么办？
    借钱办喜事，
    办了喝稀饭。

  倘使能够齐眉偕老，就是一辈子喝稀饭也情愿。可是事实不许如此乐观。这齐眉偕老的幸福是有些拿不稳。

    穷人讨老婆，
    高利把债驮。
    利钱付不起，
    赔牛卖老婆。

  讨老婆的时候没有好好打算，说不定是要闹出卖老婆的乱子。

都市里的情形也是同样的令人担忧。有一位女工,头脑还是比较清楚的,在婚期还没决定好久好久以前,已经是在那儿忙着预备出嫁的衣服——做旦角的行头。这位女工显然是在学小姐——从小姐学到少奶奶。有趣的新发现!我从来没有想到新时代的女工会跟着没落的小姐学。我当时就拿起笔来把这个深刻的印象写下:

女工学小姐,

越学越倒霉。

既已上高山,

为何跳下水?

但仔细考查一下,这个做戏关的确有些难过。男子要过这一关还比较容易。女子呢,那是千难万难。人人都做戏,不容你不做。亲戚朋友要看戏,不容你不做。父母在你身上花了许多钱,要想借做戏来收回一些成本,不容你不做。正是:

大家都做戏,

不做大家奇。

　　爸爸拍桌子，

　　妈妈哭啼啼。

在这种又硬又软的夹攻之下，青年的穷女孩靠个人的力量实在是难以抵抗。多数只好半推半就，扭扭捏捏的上起台来。

台上人不得不做，台下人不得不看！而且要买票才能看。票是不得不买。一元、两元、肆元、拾元，比梅兰芳的戏券还要贵。没有钱又怎样办呢？和做戏的人一样：借债、当衣服……

　　看戏钱何在？

　　不看有人怪。

　　两片面包里，

　　火腿夹一块。

这种左右做人难的关门，也不是个人的力量所能打得破。我们必须有一个团体来帮助贫穷的青年男女，来和旧式结婚与摩登结婚作战。

这团体可以称为"婚姻改革会"。会里的公约要包含下面几点：

（一）事业与爱情为结婚之双层基础；

（二）仪式简单，采取茶话会办法；

（三）行礼费用不得超过五元；

（四）节省之钱，一部分须捐作推进社会公益之用。

（注）当初，我们的公约只有前面三条。后来新事实发现了：结婚省了钱，新夫妇乃大度其蜜月，充分的去享个人的幸福。这是缺欠正确的意义。为了要使个人与社会同得到简易结婚的好处，我们规定每对新夫妇要在所节省的款子里，拨一部分，数目不拘，作一件推进社会之公益，以为他们结合之永久纪念。试行以来，大家都觉得是更有意义了。

这三年来，我对于演戏式的婚礼是一概没有参加，这种婚姻改革会是给了我很大的勇气去拒绝至亲密友之邀请。同时也有好些青年得了团体的力量，居然克服了一切困难，达到了他们结合的目的。

这种茶会式的结婚，有些人还嫌它不彻底。我不能反对这个批评。但是这种组织好比是种牛痘，打伤寒针。它的作用是叫人害一点小天花以抵抗真天花，害一点小伤寒以抵抗真伤寒。简易省钱的茶会式的结婚，是有力量掩护贫穷青年男女去抵抗那虚荣而靡费的演戏式的结婚。有了这种团体出现，贫穷的青年乃能联合起来，战胜自己，战胜亲友，战胜数千年传下来的妨害进步的婚姻恶俗。

原载 1935 年 10 月 16 日
《生活教育》第 2 卷第 16 期

梦中的情景是人生的天国

——致吴树琴

亲爱的冰小姐：

在最近的一封信里，你说到梦里常常看见我，我是多么高兴啊！你写这封信，谅想是用尽气力，拼命的要把心中话写出来，我佩服你的勇敢。老实告诉你，我做了你的梦里人，那是比做南面王还荣幸。我愿意永远在你的梦里安慰你。你不知道吧？我也时常在梦中看见你。不过我是没有你勇敢，从来没有给你说过。现在可以给你知道，你是我梦里最欢迎的人了。你也觉得高兴吗？我们有什么办法呢，相隔几万里，只有梦中的情景才是人生的天国。你几个月才给我一封信，叫我想念来信如同三天没有吃奶的小孩。以后每逢有船来，赏我一封信，可以吗？

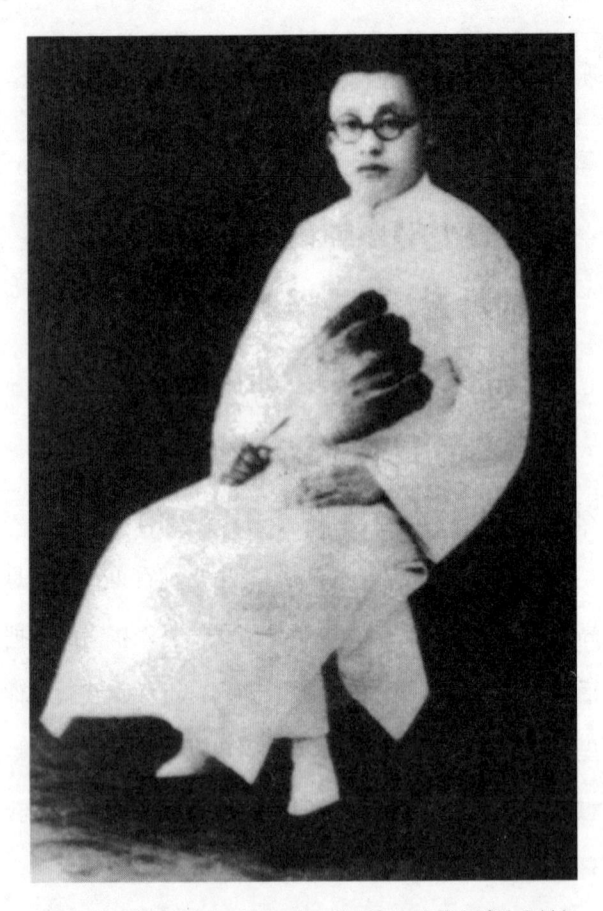

晓庄师范时期的陶行知。1926年，陶行知开始筹办试验乡村师范学校，1927年3月15日，试验乡村师范学校在南京晓庄村（原名小庄村）举行开学典礼。晓庄师范的创办为乡村教育改革开辟了一条路径，陶行知也在此教育实践中逐步完善了自己的生活教育理论。

第四章　过一点甜蜜的生活

短短信，

常常寄。

没有工夫写，

画几个圈儿替，

免人苦相忆。

亲爱的冰小姐！我得到了你的一封信，好像是得到了一种神秘的力量，又好像千军万马来到我的面前，听我指挥。我的精神顿加十倍，能做十倍的事并且做得十倍的好。

冰小姐！你梦里看见我是怎样的一个人，你有勇气告诉我吗？我今年是不会回来的。把你的家里的通信处告诉我。这通信的路线是不可以间断。

水
二五、三、十五

做学问必须的过程
——致陶晓光

晓光：

近接你自成都来信，知道你安抵厂中，至为欣慰。……宏处藏书丰富，他对研究亦有经验，工作情绪至佳，你去我也赞成。照我看，你先到他那里工作一年更好。无线电要弄得好，须打基础：数学、物理、化学等等，在"博中求约"和"自约返博"都是做学问必须的过程。

我现在有一件事托你先做——代我们在成都搜集：

（一）有价值之图书（包括国内外名著、研究报告、重要史料）。

(二) 必须用之仪器。

今年是科学年,我们计划扩充仪器,建立科学馆,以丰富中小学生之教育。我们还要编辑《育才文库》二百册,要丰富之参考书,请你代为搜集,见着就买。跑旧书铺及旧书摊是件要事,望你也经验一下。价钱大有出入,要随办随研究,争取门径。关于搜集图书,你要先到华西图书馆及博物馆详细参观一下,作一番"博"的工夫,再请教几位有研究功夫的朋友。我现在举几个例子给你参考:

(一) 去年一月我看到一本《支那疆域沿革图》,只花了五十元买得,帮助我们解决了许多史地的问题。

(二) 王国维先生关于甲骨文研究最深,倘使遇着他的全集,必需想法买得,我至今还没遇到。

(三) 参加伦敦艺术展博会之中国作品四册,我只花了六十元,现在要值一千元也要不到了。

好书买重复了也可以。因为朋友常是借用,弄得自己反没得用。我预备用二万元来做初步搜集。见着好书,望暂借款,我见信即汇来。城在志成中学高三肄业。三桃前月到渝,身体弱,现在校中种园、唱歌、写诗。我来时,

1923年陶行知与长子陶宏、次子陶晓光合影。陶宏、陶晓光为陶行知与汪纯宜所生。汪纯宜，陶行知第一位夫人。她与陶行知一生育有四子：陶宏、陶晓光、陶刚、陶城。在陶行知的一生中，他给他的儿子们写了多达几十封的书信。这些书信承载了浓浓的亲情、谆谆的教导。

看他已开了七块荒地，工作精神甚好。

学校小学已立案，初中校董会立案将成。经济基础渐稳。我现在编书吃饭，化缘兴学，乐趣不减当年。

吴先生已就北温泉新亚药厂化学分析工作，所入可以自给。

祝你

康健！努力、积极学牛顿、伽利略、巴士德！

衡

卅二、一、十一

12月25日我们举行盛大的会，纪念牛顿三百年诞辰与伽利略三百年逝世。

朋友成夫妻，夫妻亦朋友
——致吴树琴

我的亲爱而高贵的夫人：

接你两次来信，都称我为爱友，初看使我觉得有点惊讶，既而想到我写的诗"朋友成夫妻，夫妻亦朋友；自然还自在，与爱一样久"，亦就觉得很好了。

我送邮票给你，是给你一些便利，并不是讽刺你不写信，当然也希望你不致因缺少邮票而延误了消息。

前天冯先生派副官送了一件衣料给我，他大概是看见我的裤子后面破了，也可说是他有先见之明，预料到今晚有贼把我的大衣偷去。我从军光那儿回来，不过是十时半，打开房里电灯一看，床上的印花被面不见了，觉得奇怪。又看看两只皮包无恙，表也在桌上无恙，认为是有人把被面借去没有告诉我。后来仔细一想,大衣不见了。又看见门锁被扭歪,这一定是贼来光顾过。这贼是有良心的。兰州毛毯、大皮包、小皮包、热水瓶、纪念表、衣料都没有拿去。他大概是要给我们一个警告,我很觉感谢他。衣料是呢的,我就做一件大衣吧。我在军光那儿多谈了一点,谈了一点好方法,可以把事业基础立起来,因此失了贼窃,就算是出了一点学费吧。

《莎士比亚全集》出版了五本,原是叫梅仙拿给你。让她从你那儿一本本的借去看。她大概是倒过来了。我写信给她,还是照原来的办法好些。

恒勤的孩子好了些,还在医院里。陶刚也逐渐好了一些。姜维清回来了。陶城昨天已去渔洞溪。

书店逼我交稿,没法抽空来碚。画展正在最后关头,要我在此照应。你星期六来,星期一去好吗?画展改在三月十六日下午三时预展,廿、廿一、廿二日正式展。音乐会改在廿七、廿八举行。戏剧从四月四日起公演一礼拜。

李文帆为三八纪念筹备,报告去年你请在渝女同志茶点,我代表男同学向女同学致敬。若不是报告,我都全忘了。你今年对古圣寺及管家巷的三八纪念准备送什么礼物？古庙要文章，我把你的《骊英诗》，改为《三八忆骊英》，抄了，写你的大名，寄了去，我想他们一定欢迎，你也赞成吧。李震托寄的书，已寄去，收条送上，请转。

　　敬颂

康健！

衡
卅二、三、四

　　海带已吃一星期，觉得好些，脉搏慢了一些，做事有精神。

　　上床睡时，又发现棉袍、马褂都没有了，冬天已过，马褂怪难看，丢了也好。

我敬爱的夫人

——致吴树琴

树琴！我所敬爱之夫人：

现在是早晨五时十四分。太阳正放出兴起之光芒，在深蓝之山顶与淡蓝之天空之间，画了一笔橙色之画。我刚才洗了一个澡，凉水澡。清风吹在身上，十分爽快。在这样的景况中，我写这十天以来想写而没有工夫写的信。

你做的肉松来得真巧，恰恰接着上次正吃完之时而来。它已经化成我的血，我的精神。但是这次送来的肉松是叫我心里不安。你是违反我的心愿送来的。我知道你在那热烘烘的火炉边要站两个钟头才能做成它，这是以你的健康换来我的健康。我一吃到它，立刻有炉边流汗的少妇之像显在我面前，教我难过。当然，我得了这滋养，是加

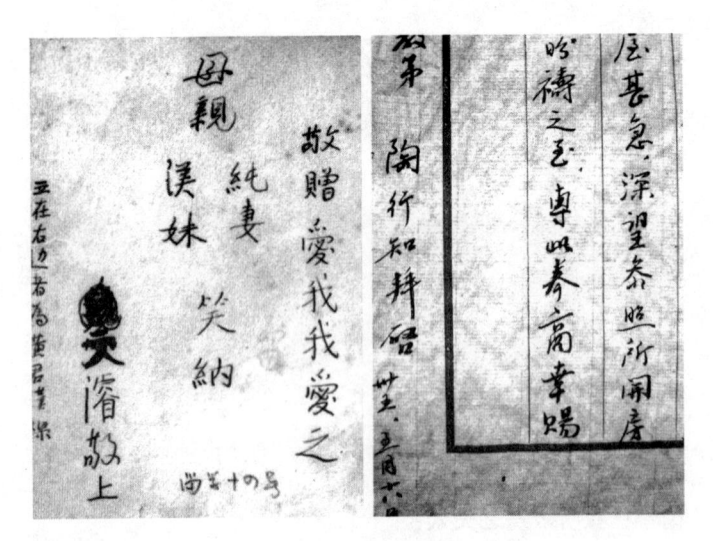

陶行知寄给家人的照片背面（局部）及陶行知信件（局部）。

倍努力工作，以为小孩、大众服务。可是我求求你，等到秋凉再做，现在不要做了。

　　你送我的白夏布的短袖上衣，是最合时合式、合身合意的礼物。每逢流汗回寓，冲了凉水，就披上这宝衣、凉衣、仙衣，怪爽快，快乐的如同一个神仙。学生说，我们的校长如今漂亮了。

　　再写几句。我想看《桃花扇》，托人访问十几家旧书铺都没有找到。最后找着了，只租不卖，押租四百元，租金一星期三十五元。我照办,是等于花了四百元把它买了来。前后花了十天光景仔细读完。因为我欢喜《桃花扇》的词,必须精读,才费这多时间。以后有空,还要读几遍。淑惠从前借了一本写西班牙生活的剧本叫做《希德》①,我不是说好得很吗?这次她买了一本送来。我前天一口气把它读完了。实在好,你看了必定高兴,《希德》(*Le Cid*)是法国人 Pierre Corneille 写的。你记着,有机会就看。

祝你

康健!

衡
卅三、七、廿八、六时廿分

我现在预备写字了。图章已经刻好。吕凤子先生为我刻了一颗大的,谢仲谋先生为我刻了一颗小的。(附印拓三方)

---

① 《熙德》。

过一点甜蜜的生活
——致吴树琴

树琴：

　　亲爱的树琴！照现在预计，违背我的心愿，客观的情况是不许我在十一月一日到北温泉来受你庆祝，也可以说是来向你道贺，贺你得到一身兼老师、母亲、朋友的丈夫。但是，这一天我们两个人实在应该在一处过一点甜蜜亲爱的生活，谈一谈未来的美梦：例如两年后，和平大概会降临人间，我们如何完成环游世界之壮举？而后在英国或美国或苏联住下，你完成着你的专门学习，我从事着我的著作，以版税、稿费自食其力，以卖讲达到间时旅行之目的。当我上街买菜，你课后返家烧饭，在外国吃中国晚餐、这是多么有味的事啊！有时吃饭的时候，遇着朋友或

第四章 过一点甜蜜的生活

育才、晓庄学生从中国来访，我再上街买菜，你再下灶烧饭，我们大家在外国吃中国晚餐，那又是多么有味的事啊！有时我们同去拜访十年前认识的侨胞或外国的朋友，当你听到"陶先生，久违了，这位就是你的夫人吗？"你该作何感想？你不是听我说过或看过我带回的照片、风景片吗？倘使我们能携手同游全世界名山大川，同访林肯墓、二四七四八号墓①、史大林格勒②无名英雄墓以及现在还活着手创世界和平的人们、思想家、发明家、诗人、美术家，尤其是各国的大众，正在向前创造之大众，从那里取得理想、感动力，返国帮助新中国之创造，那又是多么丰富而有意义啊！

树琴：有志者事竟成。准备吧，两年的准备一年完成吧。

敬贺：你进步无边，幸福无量！

衡
卅三、十、廿九

---

① 马克思墓的墓号。

② 斯大林格勒。

来看舞蹈音乐会是有意义。我将被窝洗得一尘不染的欢迎你来。一天，你的丰采玉貌忽然出现于陪都，照耀在我的寓所，使它充满着慈光，我将会十分高兴。